MARCO POOLO

Vietnam

Reisen mit Insider Tipps

Diesen Reiseführer schrieb der Südostasienkenner und Reisejournalist Wolfgang Veit aus München.

marcopolo.de
Die aktuellsten Insider-Tipps finden Sie unter www.marcopolo.de, siehe auch Seite 106

MAIRS GEOGRAPHISCHER VERLAG

SYMBOLE

 MARCO POLO INSIDER-TIPPS:
Von unserem Autor für Sie entdeckt

★ **MARCO POLO HIGHLIGHTS:**
Alles, was Sie in Vietnam kennen sollten

☼ **HIER HABEN SIE EINE SCHÖNE AUSSICHT**

🏃 **WO SIE JUNGE LEUTE TREFFEN**

PREISKATEGORIEN

Hotels
€€€ über 75 Euro
€€ 25–75 Euro
€ bis 25 Euro

Die angegebenen Preise sind Mindestpreise im jeweiligen Haus für ein Doppelzimmer pro Nacht.

Restaurants
€€€ über 10 Euro
€€ 3–10 Euro
€ bis 3 Euro

Die angegebenen Preise gelten für eine Mahlzeit pro Person, ohne Getränke.

KARTEN

[116 A1] Seitenzahlen und Koordinaten für den Reiseatlas Vietnam

[U A1] Koordinaten für die Karte Ho-Chi-Minh-Stadt im hinteren Umschlag

[0] außerhalb der Karten Hanoi und Ho-Chi-Minh-Stadt

Lageplan Hue auf Seite 64, Karte Cho Lon auf Seite 79, Karte Hanoi auf Seite 122/123

Zu Ihrer Orientierung sind auch die Orte mit Koordinaten versehen, die nicht im Reiseatlas eingetragen sind.

GUT ZU WISSEN

Moderne Literatur 10 · Reisbauern machen Theater 17
Auf den Hund gekommen 39 · Die Köpfe zählen! 53
Fauxpas oder die feine Art? 83 · Kein Faible für Promille 88

INHALT

DIE BESTEN MARCO POLO INSIDER-TIPPS	vorderer Umschlag
DIE WICHTIGSTEN MARCO POLO HIGHLIGHTS	4
AUFTAKT Entdecken Sie Vietnam!	7
Geschichtstabelle	8
STICHWORTE Arbeitseifer und Wunderheiler	13
ESSEN & TRINKEN Weißer Reis zu bunter Vielfalt	19
EINKAUFEN Papierschnitzel im Strohhut	23
FESTE, EVENTS UND MEHR	24
HANOI UND DER NORDEN Stolze Hauptstadt und Naturwunder	27
HUE UND DIE MITTE Kaiserliche Pracht, ewiger Frühling	47
SAIGON UND DER SÜDEN Ins Land der tausend Wasserwege	69
AUSFLÜGE & TOUREN Affenbrücken und Kalksteinfelsen	91
SPORT & AKTIVITÄTEN Workout für jedes Temperament	97
MIT KINDERN REISEN Kleine »Tay« sind stets willkommen	101
ANGESAGT!	102
PRAKTISCHE HINWEISE Von Anreise bis Zoll	103
SPRACHFÜHRER	109
REISEATLAS VIETNAM	113
KARTENLEGENDE REISEATLAS	115
MARCO POLO PROGRAMM	125
REGISTER	126
IMPRESSUM	127
BLOSS NICHT!	128

Die wichtigsten **Marco Polo** Highlights

Sehenswürdigkeiten, Orte und Erlebnisse, die Sie nicht verpassen sollten

 Ha-Long-Bucht
Ein Postkartenidyll aus weißen Kalksteininseln und blauem Meer (Seite 32)

 Alt-Hanoi
Zurück in die gute alte Zeit der Handwerkszünfte (Seite 33)

 Van Mieu
Die riesige Anlage des Literaturtempels in Hanoi ist ein Prachtbeispiel der konfuzianischen Architektur (Seite 36)

 Sa Pa
Der idyllisch gelegene Ort in den Bergen des Nordwestens mausert sich zum Touristenzentrum (Seite 44)

 Da Lat
Wenn die Kirschbäume blühen, kommen die Liebenden in Scharen in die einstige französische Sommerfrische (Seite 50)

 Cham-Museum
Phantastische Zeugnisse aus der Cham-Ära, liebevoll und spannend präsentiert in Da Nang (Seite 54)

 My Son
Trotz mühsamer Anreise lohnt ein Besuch der idyllisch gelegenen Tempelruinen, die einst zum wichtigsten religiösen Zentrum der Cham gehörten (Seite 56)

Die Fels- und Wasserlandschaft der Ha-Long-Bucht im Nordosten Vietnam

Cao-Dai-Tempel in Tay Ninh

 Hoi An
Ein charmantes Städtchen mit prächtigen chinesischen Handels- und Clanhäusern (Seite 57)

 Zitadelle
Die beeindruckende Residenz der alten Nguyen-Herrscher in Hue lässt die Kaiserzeit lebendig werden (Seite 62)

 Chua Ngoc Hoang
In dieser geheimnisvollen Pagode in Saigon wird der taoistische Jadekaiser verehrt. Himmel und Hölle rücken hier zusammen (Seite 76)

 Palast der Einheit
In Saigon erfüllte sich der Untergang Südvietnams am 30. April 1975 mit der offiziellen Kapitulation (Seite 77)

 Historisches Museum
Spannende Details und viele Fakten zu den untergegangenen Kulturen Zentral- und Südvietnams vermittelt dieses Museum in Saigon (Seite 78)

Am Strand von Nha Trang

 Bootstour im Mekongdelta
Abenteuerliche Entdeckungsreisen auf den Wasserstraßen des Mekongdeltas von My Tho aus (Seite 85)

 Cao-Dai-Tempel
Der »Heilige Stuhl« der Cao-Dai-Anhänger ist ein kitschiger, doch imposanter Mix aus Kathedrale, Pagode und Moschee (Seite 85)

 Nha Trang
Hier treffen sich junge Reisende aus aller Welt. Der Ort ist zum Hotspot der Backpackerszene geworden (Seite 86)

 Die Highlights sind in der Karte auf dem hinteren Umschlag eingetragen

AUFTAKT

Entdecken Sie Vietnam!

Freundliche Menschen, gewaltige Gebirge, weite Reisfelder und Strände zum Träumen

Über dem Fluss hängen noch, kleinen Wattebällen gleich, einige Dunstschwaden, und die Sonne scheint schwer aus ihrem kuscheligen Wolkenbett zu kommen. Doch Miss Saigon ist schon putzmunter. In der Prachtstraße Duong Dong Khoi, vor der Kathedrale Notre Dame, an den Ampeln beim Hotel Rex röhren, quäken, hupen und hüsteln Zweitakter ihr rostiges Morgenlied. Mofas, überall Mofas – das ist der erste Eindruck von diesem Land. Mal sind es nur drei oder vier Exemplare, mal ganze Bienenschwärme. Bepackt mit Kartons voller Colaflaschen und »Tiger«-Bier aus Singapur, mit prall gefüllten Einkaufstaschen, mit Hühnerkäfigen, mit zwei, drei Kindern, mit Alten, die Betelbissen kauen, mit Frauen, deren seidige Ao-Dai-Gewänder im Wind flattern und die zum Schutz vor Sonne und Schmutz schneeweiße Handschuhe tragen. Und mit Bauern, deren Bambushüte an Papierschirmchen in Eisbechern erinnern, aber vor allem typisch sind für dieses wundervolle Land: Vietnam.

Verträumte Flusslandschaft fern vom Trubel der vietnamesischen Großstädte

Tradition und Trend unter einen Hut gebracht

Wie schön, dass es hier keinen Massentourismus wie anderswo in Südostasien gibt, denn genau dies macht den Zauber des Landes zwischen dem Roten Fluss (Song Hong) im Norden und dem Mekongdelta im Süden aus: Hier wird nichts für Besucher inszeniert oder geschönt. Hinter jedem windschiefen Häuschen mit Blechdach, auf den schwimmenden Märkten im Mekong-Gebiet, auf den Bauernmärkten von Hue oder Da Nang lassen sich authentische Eindrücke einfangen wie bunte Schmetterlinge.

Hier können die Reisenden nach Lust und Laune Entdeckungen machen: den kleinen, verwunschenen Cao-Dai-Tempel um die Ecke, aus dem Räucherwerk duftet, den quirligen Obstmarkt mit Ram-

Geschichtstabelle

8.–4. Jh. v. Chr. Die Viet wandern aus Südchina ein

3. Jh. v. Chr. Das Reich Au Lac formt sich im Delta des Roten Flusses zur Abwehr der Chinesen

111 v. Chr.–930 Nordvietnam wird von den Chinesen beherrscht. Im Süden entsteht ab dem 7. Jh. das Reich der Cham

938 General Ngo Quyen erringt die Unabhängigkeit Vietnams

968 Das Reich Dai Co Viet entsteht, wird Vasallenstaat Chinas

1009 Erste stabile Dynastie unter Ly Thai To. Thang Long (Hanoi) wird Hauptstadt

13.–15. Jh. Vietnamesische Expansion nach Süden. Die Cham vernichten im Gegenzug Thang Long

1404–1427 Vorübergehende chinesische Machtübernahme

1428 Le Loi begründet im vietnamesischen Kernland die Späte Le-Dynastie (bis 1776)

1471 Ende des Champa-Reichs

15.–17. Jh. Erste europäische Handelsstützpunkte im Süden

1771–1802 Tay-Son-Aufstand. Hue wird Sitz der Nguyen-Kaiser (bis 1945)

1858 Französische Kolonien und Protektorate in Cochinchina (Süden)

1883–1939 Hanoi ist Hauptstadt der französischen Kolonie Indochina

1930 Gründung der Kommunistischen Partei

1941 Gründung der Liga für die Unabhängigkeit Vietnams (Vietminh)

1940–1945 Japanische Besatzung, vietnamesischer Widerstand

1954 Teilung Vietnams, im Süden Militärherrschaft

1964 Beginn des Vietnamkriegs, den die kommunistischen Truppen 1975 gewinnen

1976 Gründung der Sozialistischen Republik Vietnam (2. Juli)

2000 Handelsvertrag mit den USA. US-Präsident Bill Clinton besucht Vietnam. Schwere Überschwemmungen im Mekongdelta

2001 Besuch des russischen Präsidenten Wladimir Putin. Der Reformer Nong Duc Manh wird zum neuen Generalsekretär der Kommunisitischen Partei gewählt

2002 Vietnam verzeichnet ein Wirtschaftswachstum von 14 Prozent im ersten Halbjahr

AUFTAKT

butan- und Melonenverkäuferinnen, Fleischhändlern oder Chinesen, die mit lebhaften Gesten Stoffe oder Blechgeschirr anpreisen, den idyllischen Mini-Naturstrand ohne Liegestuhl oder Sonnenschirm, das chaotische Gewusel auf den manchmal arg lädierten Straßen.

Und dann ist da diese freundlich-schelmische Neugier der Menschen: Wo sich ein Tay bewegt, ein Westler, gibt es stets etwas zu erleben! In abgelegenen Gegenden ist es nicht ungewöhnlich, dass die Einwohner die blasse Haut des Besuchers ganz vorsichtig berühren wollen, denn schließlich kennen sie die Tay fast nur aus dem Fernsehen. Die Kinder toben vor Freude, probieren ihr Englisch aus und rufen »I love you« oder »Hello mister«. In größeren Orten freilich gibt man sich sehr höflich, als Meister im Wahren der Form. Respekt vor dem anderen ist eine Tugend, eine Art asiatisches Grundgesetz, das hier in besonderer Weise gilt.

Denn schließlich wachsen Vietnamesen in der Enge auf. Oft – und vor allem in den Städten – kommt es vor, dass bis zu drei Generationen in einem einzigen Raum leben, das können dann bis zu sieben, acht Personen sein. Eine Wohnung, ein Häuschen? Bei den bescheidenen Löhnen undenkbar: Ein Wanderarbeiter verdient etwa 30 000 bis 45 000 Dong, also umgerechnet rund 2 bis 3 Euro pro Tag, eine Fabrikarbeiterin bringt es auf 4 bis 6 Euro am Tag, wenn sie bereit ist, bis zu 14 Stunden lang Nudelteig zu rühren, Formen zu pressen oder Schrauben zu sortieren. Der Wohnraum in Saigon ist unbezahlbar geworden, die wenigen freien Grundstücke, Häuser oder Wohnungen wechseln für vie-

> *Land zwischen Rotem Fluss und Mekongdelta*

Chaos mit Spaßfaktor: im kunterbunten Verkehrskarussell von Saigon

le Hunderttausend Euro sehr schnell den Besitzer. Der Traum vom Bauen, den viele Vietnamesen hegen, bleibt zumindest in den Städten unerfüllbar. Trotzdem schwelgt die Nation im Lottofieber, schließlich sind über zwei Drittel der Vietnamesen unter 30 Jahre alt – da darf man noch Träume haben.

Doi Moi, die 1986 eingeleitete wirtschaftliche Reformpolitik der kommunistischen Regierung in Hanoi, weckt Hoffnungen in den Menschen. Überall sieht man im Fernsehen die Bilder von pompösen Modenschauen und Misswahlen mit viel Glitter, Karaoke und Kitsch, und Herr und Frau Nguyen wollen wenigstens ein bisschen dabei sein. Doch weil der Lohn für Luxus nicht reicht, versüßen sie sich die aufgezwungene Bescheidenheit wenigstens mit Eiscreme, dem neuesten Schrei der kleinen Leute.

Die Gegensätze sind, vor allem im Süden, größer denn je geworden. Hier eine kleine Oberschicht, die bereit ist, 20 000 US-Dollar für die Jahresmitgliedschaft im Ocean Dunes Golf Club in Phan Thiet hinzublättern, dort jene rund 20 Prozent Arbeitslosen, die sich mühsam mit dem Verkauf von Postkarten oder Lotterielosen über Wasser halten – und das in einem sozialistischen Land. Doch die Hoffnung auf ein klein bisschen Wohlstand ist größer als jeder Gegensatz. Schließlich hat man auch den Krieg überstanden und die Jahrhundertfluten am Mekong Ende des Jahres

> *Die ganze Nation schwelgt im Lottofieber*

Moderne Literatur

Annäherung an Vietnam: Kurzgeschichten, Romane und buddhistische Weisheit

Sonntagsmenü von Pham Thi Hoai enthält poetische Kurzgeschichten, die den Alltag in Hanoi beleuchten, vor allem aus der Sicht einer Frau. Ein wenig gefärbt ist das Buch von dem Wunsch vieler Vietnamesen, »westlich« zu wirken – und gerade deshalb lesenswert. Autobiografische Züge trägt das Kultbuch *Mond über den Reisfeldern* von Andrew X. Pham. Erzählt wird von der Flucht des jungen Anh aus Vietnam; 20 Jahre später entdeckt er mit dem Fahrrad sein Land. Liebe und Schmerz, verpasstes Glück und faule Kompromisse im Alltag des kommunistischen Vietnam der 1950er- bis 1980er-Jahre – das sind die Leitmotive des eindrucksvollen Romans *Liebesgeschichte, vor der Morgendämmerung erzählt* von Duong Thu Huong. In seinem Buch *Das Glück, einen Baum zu umarmen. Geschichten von der Kunst des achtsamen Lebens* schildert der Zen-Meister Thich Nhat Hanh auf humorvolle Weise, wie sich jeder Mensch über den Weg der Achtsamkeit für ein Leben in Freude und Erfüllung öffnen kann.

AUFTAKT

Ein Bauer mit seinem Wasserbüffel – bis heute ein unentbehrliches Team

2000. Und wenn schon die Machthaber in Hanoi einen veritablen US-Präsidenten namens Bill Clinton dieses prachtvolle Land bereisen ließen, warum sollte da Herr Nguyen nicht einige Stühle und einen Wok borgen dürfen, um ein kleines Straßenrestaurant zu eröffnen?

Bezaubernd ist die landschaftliche Schönheit Vietnams, das im Süden in die Tropenzone mit feuchten, schwülen Sommern und warmen Wintern hineinragt, im Norden dagegen subtropisch bestimmt ist, also mit heißen Sommern und kühleren, feuchten Wintern. Überwältigend sind die Ha-Long-Bucht mit ihren aufragenden Kalkfelsen und dem dunkel schimmernden Wasser, und die atemberaubend schroffen »Vietnamesischen Alpen« im Nordwesten, die in kalten Wintern sogar von Schnee bedeckt sind. In Hue, der alten Kaiserstadt am Parfümfluss, können sich die Augen gar nicht satt sehen an all den filigranen Drachenornamenten der Thai-Hoa-Residenz, des »Palasts der höchsten Harmonie«. Nahe Phan Thiet knirscht der weiche Sand am Mui-Ne-Strand unter den Füßen, Saigon wirkt wie frisch aufpoliert mit seinen renovierten Kolonialbauten, und im Mekongdelta wird der scheppernde Klang der Longtailboote zur allgegenwärtigen Musik. Garniert wird das Erlebnis jeden Tag mit Köstlichkeiten der vietnamesischen Küche und einem oft erstaunlich perfekten Urlaubsprogramm aus Baden, Tauchen, Surfen, Segeln oder Wandern durch einen der zehn Nationalparks des Landes. Keine Frage – eine Vietnamreise ist ein Abenteuer für alle Sinne.

>> *Strände im Süden, hohe Berge im Norden* <<

STICHWORTE

Arbeitseifer und Wunderheiler

Die Vietnamesen arbeiten von früh bis spät, und der Glaube an allerlei Zauberformeln blüht auf

Aberglaube

Die neue Toleranz der Regierung in Sachen Religion macht es möglich: Der Aberglaube blüht wieder auf, oft als seltsame Mischung aus daoistischen Vorstellungen (Unglückstage, böse Omen) und Naturreligion. Sichtbar wird dies beispielsweise in Tempeln, wo Zettelchen mit entstellten chinesischen Schriftzeichen verbrannt werden, um böse Geister sinnbildlich auszulöschen. Immer mehr selbst ernannte Wahrsager ziehen durch die Dörfer, entscheiden Familienstreitigkeiten und Liebesgeschichten oder fertigen chinesische Horoskope an.

Ahnenverehrung

Für die Vietnamesen enden die familiären Bindungen nicht mit dem Tod – die verstorbenen Angehörigen greifen hilfreich in das Leben der Nachkommen ein. Damit das so bleibt, müssen die Toten symbolisch mit Nahrung und Geld versorgt werden, weshalb in vielen Häusern und Tempeln kleine Altäre stehen, die der Ahnenverehrung dienen. Am Todestag, zu Feiertagen oder bei Familienfesten werden den Ahnen daher z. B. Süßigkeiten, Obst und sogar Zigaretten geopfert.

Arbeitseifer

Eine der wichtigsten vietnamesischen Tugenden, die auch bei der Wahl des Ehepartners eine große Rolle spielt, ist Fleiß. Der Alltag in Vietnam ist durch einen Arbeitseifer geprägt, den man in einem tropischen Land nicht erwarten würde. Nicht, dass die Menschen sich abhetzten – doch schon vor Sonnenaufgang sind Fabrikarbeiter, Marktfrauen oder Landarbeiter auf den Beinen. Der Arbeitstag dauert oft mehr als zwölf Stunden, die Mittagspause meist nur 15 Minuten. Nach dem Abendessen wird oft noch weiter gearbeitet: Arbeiterinnen verkaufen Obst aus dem heimischen Garten auf dem Markt, Maschinen müssen repariert, das Dach des Hauses geflickt oder der defekte Lkw in Gang gebracht werden, und auch die Kinder nähen nach der Schule Brillenetuis oder T-Shirts. Spätestens um 22 Uhr geht man zu Bett, denn der neue Arbeitstag beginnt früh. Der Grund liegt auf der Hand: Jeder möchte trotz steigender Lebenshaltungskosten am allgemeinen Wohlstand partizipieren.

Eine Angehörige der Hmong, eines Bergvolkes im Norden Vietnams

Die Tempelruinen von My Son, steinerne Relikte der Cham-Kultur

Architektur

Sinovietnamesischer Stil – unter dieser Bezeichnung lassen sich die meisten Bauwerke einordnen. Die typischen Häuser aus Ziegelsteinen haben schmale Straßenfronten, ein oder zwei Stockwerke und erstrecken sich auf der Rückseite bis zu 30 m weit oder mehr. In ihnen sind neben den Wohnungen auch Geschäfte oder Werkstätten untergebracht. Paläste und Tempel sind von typischen Holzkonstruktionen mit geschwungenen Dächern und Verzierungen, z. B. Drachenschnitzereien, geprägt. An die indische Baukunst angelehnt sind die Überbleibsel der Cham-Architektur, so auch die auffälligen Türme aus gebrannten Ziegelsteinen.

Bettelei

Weit über 7000 berufsmäßige Bettler hat die Polizei allein in Saigon registriert, und täglich werden es mehr. Vor allem in den größeren Städten bitten Straßenkinder, Arbeitslose, Landflüchtige und Kriegsinvaliden insbesondere die Touristen um eine milde Gabe. Wie anderswo auch gibt es jedoch Bettlerringe, die es auf Bargeld abgesehen haben. Spenden Sie am besten Lebensmittel, ein Kleidungsstück oder andere notwendige Dinge.

Buddhismus

Die Zahl der gläubigen Buddhisten wächst: Jeder siebte Vietnamese geht mittlerweile in die Pagode. Man geht von mehr als 3 Mio. orthodoxen oder so genannten Theravada-Buddhisten aus, die vor allem in Südvietnam leben. Diese streben die Erlösung als erleuchteter Arhat (Heiliger) im Nirwana an. Am stärksten vertreten ist jedoch der in China entstandene, vom Zen (Schule der Meditation) und Dao Trang (Schule des Reinen Landes) geprägte Mahayana-Buddhismus. Die Anhänger suchen nach Vollkommenheit im Diesseits. Erlösung finden sie durch Tugenden wie Freigebigkeit, Moral, Geduld, Stärke, Konzentration und Weisheit. Als Bodhisattva (Erleuchtete) können sie dann andere Buddhisten vor den Verlockungen des Lebens retten.

Cao Dai

Auch diese Religionsgruppe wächst enorm. Mehr als 2 Mio. Vietnamesen besuchen mittlerweile die rund 500 Cao-Dai-Tempel, die es vor allem im Süden des Landes gibt. An-

Stichworte

fang der 1920er-Jahre begegnete Religionsgründer Ngo Van Chieu bei einer Séance dem Cao Dai, dem »höchsten Wesen«. Diese Gottheit trug ihm angeblich auf, alle großen Religionen des Ostens und Westens zu einer allumfassenden Idealreligion zusammenzuschmieden, um die Erlösung der Menschheit zu erlangen. In den Séancen offenbart sich das Cao Dai durch Sprachrohre wie z. B. daoistische Geister, aber auch durch Gestalten der Weltgeschichte wie Jeanne d'Arc oder Winston Churchill.

Christentum

Rund 8 Prozent der Vietnamesen bekennen sich zum Christentum. In Folge der Missionierung durch die Spanier, Portugiesen und Franzosen ab dem 16. Jh. gibt es in Vietnam heute rund 5 Mio. Katholiken und mehr als 300 000 Protestanten. Insbesondere die Katholiken sind, wegen ihrer vermeintlich subversiven Verbindungen zum Vatikan und Katholiken in anderen westlichen Ländern, den Repressalien der kommunistischen Regierung ausgesetzt. So bedarf z. B. auch die Ernennung von Bischöfen oder die Versetzung von Pfarrern der Zustimmung der Behörden.

Fauna und Flora

In den Dschungelgebieten gibt es noch Großkatzen, darunter Leoparden, Tiger und Zibetkatzen. Es leben außerdem Elefanten, Bären, Schakale, Stinktiere, Mungos, Flughörnchen und Rotwild in den Wäldern. Etwa zwei Fünftel des Landes sind, vor allem im Süden, mit tropischen Wäldern bewachsen, die mit ca. 1500 Baumspezies sehr artenreich sind. Mehr als 400 Vogelarten, Krokodile, Pythons und verschiedene Echsen leben dort, aber auch seltene Affen wie die Östlichen Schwarzen Schopfgibbons, die bis 2002 als ausgerottet galten. Im Norden wachsen auch Laub abwerfende Monsunwälder. In höheren Lagen überwiegt immergrüner Bergwald, und an den flachen Küsten im Norden und Süden des Landes gibt es Mangroven. Der Einsatz chemischer Kampfstoffe im Vietnamkrieg, Brandrodungen und Abholzungen haben jedoch die ursprüngliche Vegetation erheblich geschädigt. Dadurch ergibt sich eine fortschreitende Bodenerosion, die immer öfter schwere Überschwemmungen zur Folge hat.

Kunst und Kunsthandwerk

Im 11. Jh. blühten Kunsthandwerk und Malerei in Vietnam. Zahlreiche volkstümliche Künstler hielten bäuerliche Szenen fest – etwa die Reisernte oder die Aussaat – oder versuchten sich an symbolischen Darstellungen von Naturerscheinungen. Ganze Dorfgemeinschaften waren emsig damit beschäftigt, Schwarz-Weiß-Holzschnitte herzustellen, die heute noch als *tranh tet,* Neujahrsbilder, bekannt sind. Zur gleichen Zeit brachte die so genannte Than-Hoa-Schule der Ly-Dynastie (1009–1225) die wohl feinsten Keramiken des ganzen Landes hervor, Töpferkunst, die selbst in Japan oder China Anklang fand. Die hochgebildeten Kaiser der Ly förderten aber auch den Bau prächtiger Pagoden und Tempel.

Im 13. Jh. entdeckten Künstler die Seidenmalerei – geschulte Maler schufen beispielsweise Porträts, die der Ahnenverehrung dienten. Die Cham-Kultur mit ihren vielen buddhistisch-hinduistischen Figuren führte einen Aufschwung von Bildhauerei und Schnitzkunst herbei. Im 15. Jh. kam schließlich die Lackmalerei auf, die es in China bereits seit vielen Jahrhunderten gab.

Doi Moi, die Reformpolitik, bewirkte einen Wandel auch in der vietnamesischen Kunstszene. 1992 eröffnete die erste private Galerie in Ho-Chi-Minh-Stadt, und nun war es plötzlich erlaubt, Bilder gegen hohe Geldbeträge zu veräußern. Kein Wunder, dass die vietnamesische Malerei einen enormen Boom erfuhr. Der große Erfolg der Künstler im Land schuf die Voraussetzung dafür, dass die Partei es jungen Malern wie T. X. Binh erlaubte, an Ausstellungen sogar in den USA teilzunehmen und Bilder über das Internet anzubieten.

Minoritäten

Von den 54 Volksgruppen in den Bergen sind die Tay (Tho) mit rund 1,2 Mio. Angehörigen und die gut 900 000 Muong die zahlenmäßig größten Ethnien. Im Mekongdelta leben etwa 700 000 Khmer. Die größte Minderheitengruppe bilden die rund 2,3 Mio. Chinesen.

Im Februar 2001 wurde das zentrale Hochland Vietnams von Unruhen erschüttert. Der Unmut der Bergvölker richtete sich vor allem gegen Vietnamesen, die in großer Zahl aus dem überbevölkerten Norden des Landes gekommen waren und sich illegal Land angeeignet hatten. Die Unruhen wurden vom Militär niedergeschlagen, doch das Problem der Landverteilung ist nach wie vor nicht gelöst.

Vietnamkrieg

Es scheint, als spielten die Kriegsereignisse im Alltag der Vietnamesen keine Rolle mehr. Doch das täuscht natürlich – auch heute noch sind die Folgen für all jene sichtbar, die etwas genauer hin-

Die uralte Kunst des Wasserpuppenspiels ist ländlichen Ursprungs

STICHWORTE

Reisbauern machen Theater

**Wasserpuppenspieler erzählen
über das Leben auf dem Land**

Mindestens 1000 Jahre alt ist die Kunst des Wasserpuppenspiels, die von Reisbauern entwickelt wurde, indem sie das übliche Puppenspiel einfach in den Pausen an ihrem Arbeitsplatz stattfinden ließen. Die Puppen aus Feigenbaumholz verkörperten dabei Dorfbewohner, Tiere, Sagengestalten oder Geister. Oft wurden sie auf einer schwimmbaren Unterlage angebracht und unter Wasser mit einem Bambusstock bewegt. Dargestellt wurden Szenen aus dem Alltag, Begebenheiten im Dorf oder auf den Feldern. Die heutigen Puppen sind teilweise über 50 cm hoch und wiegen bis zu 15 kg – das abendliche Spiel ist also Schwerstarbeit. Wiederbelebt wurde die Kunst mit der Eröffnung des Städtischen Wasserpuppentheaters in Hanoi.

schauen: einbeinige Veteranen in Saigon oder Hanoi, Erwachsene mit Missbildungen oder Hautschäden, die durch das Entlaubungsmittel Agent Orange verursacht wurden, hier und da auch noch Warnungen vor Tretminen. Über die Vergangenheit wird in Vietnam nicht gern gesprochen. Es entspricht vielmehr dem daoistisch untermauerten Glauben der Leute, dass, wer immer wieder an die tragischen Ereignisse erinnert, sie letzten Endes aufs Neue heraufbeschwört. Doch kann man über 4 Mio. Tote und Verletzte, Verwüstungen ganzer Landstriche, Dörfer und Städte oder Massaker wie jenes in My Lai nicht so einfach hinwegsehen. Zwischen 1964 und 1975 hatten sich die USA in einer bisher beispiellosen Material- und Menschenschlacht gegen die kommunistischen Truppen des Vietcong gestellt, als angeblichen Stellvertreterkrieg gegen den Weltkommunismus. Erst mit dem Vietnambesuch des US-Präsidenten Bill Clinton im November 2000 – 25 Jahre nach dem Sieg des Vietcong – normalisierten sich, zumindest teilweise, die Beziehungen zwischen den beiden ehemaligen Feinden.

Wunderheiler

Sie haben Hochkonjunktur in Vietnam: die »Meister«, die für ein paar Dong einen Schnupfen mit Hundehaaren oder heißen, gläsernen Saugglocken aus dem Körper ziehen (was die seltsamen Flecken auf der Haut vieler Vietnamesen erklärt). Die Mixtur der Zauberheiler – Hühnereier, Weihrauch, Federn, Kräuter, Beschwörungsformeln – läuft fälschlicherweise oft unter dem Begriff »traditionelle Medizin«, hat mit dieser aber nichts zu tun. Leider sind immer mehr Menschen gezwungen, wegen der steigenden Kosten für Medikamente und Arztbehandlungen durch die Reformpolitik derlei Scharlatane aufzusuchen.

ESSEN & TRINKEN

Weißer Reis zu bunter Vielfalt

Wer gern gut isst, kann in Vietnam die köstlichsten Speisen auf den Stäbchen balancieren

Der vierte Kaiser der Nguyen-Dynastie, Tu Duc, der zwischen 1847 und 1883 das Land von Hue aus regierte, nahm es mit der Ernährung genau. Nicht nur soll er darauf bestanden haben, dass sein Tee mit Morgentau zubereitet werde. Er wollte auch jeden Tag bei jeder Mahlzeit fünfzig verschiedene Speisen serviert bekommen, die von fünfzig Köchen gekocht und von fünfzig Dienern aufgetragen werden sollten. Die Maîtres gaben sich alle erdenkliche Mühe – und so kommt es, dass allein die traditionelle vietnamesische Küche heute über 500 verschiedene Gerichte zählt.

Zu jedem Gericht wird gekochter Reis, *com trang,* serviert. Daneben stehen auf den Tischen Teller mit klein geschnittenem, oft rohem Gemüse oder frischen Kräutern wie Basilikum, Koriander, Petersilie, Minze oder Zitronengras, die man nach Wahl über die Gerichte streut; oft gibt es auch Salatblätter dazu. Überall werden zudem kleine, sehr gute Baguettes angeboten, eine Hinterlassenschaft der französischen Kolonialherren. Schneeweiße Reisnudeln oder Eiernudeln werden vor allem in der Suppe (*bun* oder *pho*) kredenzt. Variationen sind z. B. die *mien luon,* eine Nudelsuppe mit Aalstückchen, die dem daoistischen Glauben zufolge potenzfördernd wirken. Weit verbreitet ist *mien ga,* Nudelsuppe mit Hühnchen, Pilzen, Schalotten oder Gemüse. Auf den Tischen stehen zudem große Flaschen mit *nuoc mam,* der Fischsoße aus den Fabriken in Phan Thiet, die zu keinem Gericht fehlen darf.

Die Restaurantauswahl reicht vom feinen Lokal bis zu kleinen Garküchen am Straßenrand. In gehobenen Restaurants wird à la carte gespeist. Doch lassen Sie sich nicht zu sehr vom gepflegten Ambiente leiten, sind doch gerade die Rezepturen in Hotelrestaurants allzu oft dem Geschmack der westlichen Business-Kundschaft angepasst: Es fehlt an Schärfe, und es wird fettreich gekocht. Oft erhält man auch statt *nuoc mam* japanische Sojasauce – für Vietnamesen kommt das angesichts der japanischen Besatzungszeit im Zweiten Weltkrieg einer nationalen Beleidigung gleich. Wer ein westliches Frühstück mit Brot, Wurst und Käse nicht missen will, ist im Hotel je-

Das Angebot der Garküchen macht Appetit auf einen Imbiss

Vietnamesische Spezialitäten

Lassen Sie sich diese Köstlichkeiten gut schmecken!

Banh cuon – gedünsteter, hauchdünner Reiskuchen mit gehacktem Fleisch

Bon bay mon – hauchdünn geschnittenes Rindfleisch, in verschiedenen Soßen eingelegt, eine Spezialität aus Saigon

Bun cha – Schweinefiletspießchen vom Holzkohlegrill

Bun thang – kräftige, dicke Suppe aus Reisnudeln, Hühner- und Schweinefleisch, Garnelen und Spiegeleiern

Canh chua – süßsaure Fischsuppe, die mit Tamarinde, Koriander und Sojasprossen stark gewürzt wird

Cha – fein geschnittenes, mariniertes Schweinefleisch, auf Holzkohle gegrillt

Cha ca – fein geschnittene, in Fischsoße und Safran eingelegte, auf Holzspießchen über dem Grill geröstete Fischfilets

Cha gio – Frühlingsrolle, zumeist aus sehr dünnem Reisteig, gefüllt mit Krabben, Schweinefleisch, Ei, Zwiebeln, Nudeln und Pilzen, in viel Öl gebraten. Nationalgericht, im Norden *nem ran* genannt

Com thap cam – gerösteter Reis mit Hühner- und Schweinefleisch, Würsten, Eigelb, Karotten, Erbsen, Ingwer und anderen Gewürzen

Dua gia – fermentierter Salat aus Bohnenkeimen

Ech tam bot ran – Froschfleisch im Rührteig aus Eiern und Weizenmehl, in Öl gebraten; wird mit Essig, Pfeffer und Fischsoße verzehrt

Ga kho gung – Huhn, gekocht mit Ingwer, Fischsoße, Zucker und Pfeffer, karamellisiert (Südvietnam)

Gio – mageres, ganz frisches Schweinefleisch, im Mörser zerstampft und dann in Bananenblätter gewickelt und gekocht

Mam chung – fermentierter Fisch (aus dem Reisfeld), sehr aromatisch, mit Hackfleisch, Ei, Nudeln und Kräutern gefüllt und gedämpft

Oc nhoi – Schneckenfleisch, gestreckt mit Schweinefleisch, fein gehackt; die Mischung wird mit Fischsoße, Zwiebeln und Gewürzen zu einer Paste verrührt, die anschließend im Schneckenhaus gekocht wird

Tofu – Bohnenquark, hergestellt aus der Stärke von Soja- und Mungbohnen

Tom bao mia – gegrilltes Zuckerrohr in Garnelenpaste

ESSEN & TRINKEN

doch gut aufgehoben. Die vielen Spezialitätenrestaurants in den Großstädten und Touristenorten sind oft hervorragend – regelrechte Feinschmeckerlokale mit gepflegtem Ambiente und authentischer Küche. Doch keine Vietnamreise ist vollständig ohne Kostprobe bei einer der Garküchen am Wegesrand. Meist gibt es nur eine Suppe oder einen Eintopf für umgerechnet ca. 0,25 Euro.

Wenn auch nicht immer, so doch zumeist empfehlenswert sind die mit *com pho* (Reissuppe) gekennzeichneten Restaurants außerhalb großer Ortschaften. Englisch ist hier eine Fremdsprache – und so entwickelt sich die Bestellung zu einem kleinen Abenteuer. Lassen Sie sich auf jeden Fall den Preis aufschreiben.

Gut beraten ist man, den Umgang mit Stäbchen zu üben. Zwar wird auf Wunsch auch westliches Besteck gereicht, doch viel mehr Spaß macht das Essen natürlich mit dem traditionellen »Werkzeug«, das zwischen Daumen, Zeige- und Mittelfinger gehalten wird. Aber Achtung: Wer die Stäbchen nach dem Mahl zufrieden im Reis stecken lässt, beschwört nach dem Glauben der einfachen Leute einen Todesfall herauf. Unhöflich ist es, im Essen herumzustochern – picken Sie sich lieber gezielt einzelne Bissen heraus. Als ganz unfein gilt es, mit den Stäbchen auf Menschen zu zeigen. In anderer Hinsicht brauchen Sie sich nicht zu zieren: Je mehr Flecken sich auf dem Tischtuch befinden, desto besser hat das Mahl geschmeckt.

Auch allerlei Süßspeisen finden sich in Vietnam: Zum Nachtisch werden beispielsweise *banh bao* serviert, kleine, süßliche Kuchen, die mit Fleisch und Gemüse gefüllt sind. *Banh deo* sind in Zuckerwasser getränkte Klebreiskuchen, die mit Früchten und Sesam gefüllt werden. In Bananenblättern gedünstet werden *banh it nhan dao,* Kuchen aus Mungbohnenstärke, Reismehl und Zucker. Wem der Sinn nach Kandiertem – ob Früchte oder Gemüse – steht, bestellt *mut.* Zum Tee reicht man die zuckersüßen, geleeartigen Mungbohnenkuchen *banh dau xan,* und als Spezialität zum Tet-Fest, dem vietnamesischen Neujahrsfest, gibt es *banh chung,* mit Bohnen und Fleisch gefüllte Klebreiskuchen.

Natürlich kann man den Durst mit Mineralwasser *(nuoc soi)* oder allerlei Cola-Limonaden löschen. Doch Getränke wie der allgegenwärtige grüne Tee *(che),* frische Kokosmilch *(nuoc dua)* oder die oft ausgezeichneten Obstsäfte *(sinh to)* aus tropischen Früchten sind nicht zu verachten.

Reiswein und die aus China importierten hochprozentigen Getränke wie russischer Wodka mögen nicht jedermanns Sache sein. Nichts einzuwenden ist jedoch gegen frischen Gerstensaft: Bier ist mittlerweile sehr beliebt und entweder als *bia hoi* (frisch gezapft) oder als Castel, Huda (aus Hue), Saigon Export, Bia Hanoi, Salida sowie 333 (sprich: *ba ba ba*) in sehr guter Qualität zu haben – und mit ca. 0,25 Euro recht preisgünstig.

Der vietnamesische Kaffee ist von sehr guter Qualität und recht stark. Er wird auf französische Art zubereitet: Über die Tasse kommt ein kleines Sieb mit gemahlenem Kaffeepulver, darüber wird vorsichtig kochendes Wasser gegossen.

EINKAUFEN

Papierschnitzel im Strohhut

**Lassen Sie noch etwas Platz im Koffer:
In Vietnam gibt's viele tolle Mitbringsel**

Vietnam ist ein wahrer Tummelplatz für Souvenirjäger. Seidenstoffe, bemalte oder von Hand bedruckte Baumwollstoffe, Stickereien, Gegenstände aus Kupfer oder Silber, Schmuck, Statuen, Holzschnitzereien, Miniaturen, Lederwaren, Teppiche und sogar wunderschöne Möbel mit Intarsien und kunstvollen Schnitzereien sind zu günstigen Preisen erhältlich. In Seidengeschäften, beispielsweise in der »Schneiderstadt« Hoi An, können Sie sich innerhalb von wenigen Stunden maßgeschneiderte Kleidung zu äußerst günstigen Preisen anfertigen lassen.

Beim Einkaufen sollten Sie Shops auswählen, in denen die Auslagen nicht mit Preisschildern versehen sind. Dann nämlich gehört Feilschen zum Geschäft – und es sind wahre Schnäppchen möglich. Sehr beliebt sind feine Lackarbeiten, Perlmuttintarsien oder fein bestickte Wandbehänge, Tischdecken und Bettbezüge. Wer sich ein *ao dai,* die Nationalbekleidung vietnamesischer Frauen, zulegen möchte – gute Exemplare kosten umgerechnet rund 20 Euro –, bedenke,

Papiergeld und Räucherstäbchen: alles für den Tempelbesuch

dass diese Seidengewänder vor allem für wärmere Klimazonen geeignet sind. Ebenfalls beliebt sind die konischen Hüte, die den Reisbauern als Regen- oder Sonnenschutz dienen. Qualitätvolle Hüte sind daran zu erkennen, dass man zwischen den Strohhalmen dünne Papierschnitzel entdecken kann, wenn man sie gegen das Licht hält.

Groß ist auch die Auswahl an preisgünstigen CDs und Musikkassetten – meistens Aufnahmen von vietnamesischen Popgruppen oder Interpreten. Abzuraten ist hingegen vom Kauf von Edelsteinen: Oft handelt es sich um billige Fälschungen. Außerdem ist zwar das Angebot an Antiquitäten groß – oftmals »vergessen« die Verkäufer jedoch, dass Touristen für solch ein altes Stück eine Ausfuhrlizenz benötigen. Ohne diese Erlaubnis wird die Ware am Zoll konfisziert. Dies gilt übrigens auch für die beliebten, auf antik getrimmten Imitate.

Bei teuren Lackarbeiten, die es in Fachgeschäften gibt, sollten Sie sich nach der Zahl der aufgetragenen Lackschichten erkundigen. Es gilt die Faustregel: Je mehr Schichten, desto wertvoller ist ein Objekt. Minimum sind ca. zehn, Maximum oft mehr als 100 Schichten.

Feste, Events und mehr

Bunte Freudenfeiern für die Ahnen, die Götter und die Regierungspartei

Offizielle Feiertage

1. Januar: *Christliches Neujahr (Tet Duong Lich)*; **3. Februar:** *Gründungstag der Kommunistischen Partei Vietnams* (1930); **30. April:** *Tag der Befreiung* (Einnahme Saigons durch die nordvietnamesische Armee 1975); **1. Mai:** *Tag der Arbeit*; **19. Mai:** *Geburtstag Ho Chi Minhs* (1890); **2. September:** *Nationalfeiertag* (Staatsgründung 1945)

Drachentanz beim Tet-Fest

Feste nach dem Mondkalender

Obwohl in Vietnam der gregorianische Kalender gilt, richten sich die meisten Feiertage nach dem chinesischen Mondkalender. Da der Mondmonat nur 29 oder 30 Tage und das Mondjahr 365 Tage hat, wird alle drei Jahre zwischen dem dritten und vierten Mondmonat ein zusätzlicher Monat eingefügt. Das Mondjahr beginnt mit dem Neumond zwischen dem 22. Jan. und 19. Feb.

Tet Nguyen Dan

Das chinesische bzw. vietnamesische Neujahrsfest ist das wichtigste Familienfest, es wird eine Woche lang gefeiert. Man besucht Verwandte und Freunde – daher kann es zu Engpässen bei Flügen kommen. (1. Tag des 1. Monats; 22. Jan. 2004, 9. Feb. 2005)

Than Minh

Die Vietnamesen schmücken die Gräber ihrer Verwandten mit Blumen, Kerzen und Papiergeld. (5. Tag des 3. Monats; 23. April 2004, 13. April 2005)

Phat Dan

Buddhas Geburtstag wird mit Prozessionen zu den buddhistischen Pagoden gefeiert. (8. Tag des 4. Monats; 26. Mai 2004, 15. Mai 2005)

Tet Doan Ngu
Das Mittsommerfest wird mit dem symbolischen Abbrennen von Papierstatuen begonnen – so will man sich von Personen lossagen, die mit einer Krankheit behaftet sind. Es herrscht der Glaube, dass im Hochsommer die Gefahr von Epidemien am größten sei. (5. Tag des 5. Monats; 4. Juni 2003, 22. Juni 2004, 11. Juni 2005)

Trung Nguyen
In der Hoffnung, dass die umherirrenden Seelen vergessener Verstorbener keinen negativen Einfluss auf das persönliche Schicksal nehmen, werden an Hausaltären und Tempeln Opfergaben in Form von Geschenken und Speisen dargebracht. (15. Tag des 7. Monats; 12. Aug. 2003, 30. Aug. 2004, 19. Aug. 2005)

Trung Thu
★ Das Mittherbstfest, auch ein Fest zu Ehren der Kinder, wird mit nächtlichen Lampenprozessionen bei Vollmond begangen. Ähnlich wie beim Tet-Fest werden gefüllte Klebreiskuchen in Form eines Mondes gegessen. Dies ist die Zeit für Verlobungen und Hochzeiten. (15. Tag des 8. Monats; 11. Sept. 2003, 28. Sept. 2004, 18. Sept. 2005)

Lokale Feste nach dem Mondkalender
Frühjahr und Herbst
★ Wer im Frühjahr oder Herbst durchs Land fährt, sieht überall in den Dörfern bunte Fahnen wehen – sie kündigen die *Le-Hoi-Feste* an. Der Tag des Le Hoi gilt als der wichtigste Tag im Jahreszyklus eines jeden Dorfes und wird zu Ehren des Dorfschutzgeists gefeiert. Nach einer Prozession bringen die Bewohner ihrem Schutzgeist Opfer dar. Danach werden Festessen veranstaltet oder Theaterstücke und Konzerte aufgeführt. Besonders prächtig ist *Le Hoi Choi Trau,* das Dorffest in Do Son (rund 25 km südöstlich von Hai Phong): Der Auftakt ist von Musik und Tanz begleitet; danach kämpfen jeweils zwei Wasserbüffel so lange gegeneinander, bis einer aufgibt. Der Besitzer des siegreichen Büffels bekommt eine Geldprämie, das Tier wird dem Erntegott geopfert. (8./9. Tag des 8. Monats; 4./5. Sept. 2003, 21./22. Sept. 2004, 11./12. Sept. 2005)

März/April
★ Das *Huong-Tich-Fest* wird mit großen Frühlingswallfahrten zu den Tempeln im Huong-Son-Gebirge begangen. (15. Tag des 3. Monats; 3. Mai 2004, 23. April 2005)

Festzug am Nationalfeiertag

HANOI UND DER NORDEN

Stolze Hauptstadt und Naturwunder

Parks, Pagoden und Neubauten prägen die Kapitale, zauberhafte Gebirgslandschaften und das Delta des Roten Flusses die Umgebung

Noch hüllt dunstige Stille den Hoan-Kiem-See ein. Nur einige mutige Vögel pfeifen schon in den kühlen Morgennebel hinein, doch sonst ist kein Laut zu hören – außer dem Geräusch der Tautropfen, die von den Blättern auf die Erde fallen, und dem einen oder anderen Moped in der Ferne. Selbst der See scheint den Atem anzuhalten, denn die Oberfläche ruht starr und klar, und weil sie so sauber ist wie ein frisch gewienerter Badezimmerspiegel, kann man die Frauen und Männer gleich doppelt sehen. Die Arme drehen sie und die Beine, wiegen den Körper hin und her wie in Trance, schrauben die Hände in die Luft und dem Boden entgegen. Jeden Morgen sind sie hier am See, um sich im Thai Cuc Quyen zu üben, der Kunst des Schattenboxens – ein Erbe der einstigen chinesischen Herrscher, die hier, in Vietnams Norden, ihre Spuren hinterlassen haben.

Welch ein Unterschied zum tropisch unruhigen Süden: Hanoi, die Hauptstadt Vietnams, übt sich auch mittags in einer seltsam meditati-

Spannende Neuigkeiten in Hanoi

ven Stille, vor allem an den baumbestandenen Alleen, Villenmeilen, prachtvollen französischen Kolonialbauten und strengen sozialistischen Bauten wie dem Ho-Chi-Minh-Mausoleum. Zwar ist auch Hanoi längst nicht mehr zu bändigen: Der Bauboom bedroht die malerischen Handwerkerhäuser der Altstadt, in den Straßen dröhnen Mopeds. Doch versöhnen die zauberhaften Gartenanlagen, die idyllischen Seen und die vielen noch immer stillen Winkel der Stadt schnell wieder Augen und Ohren.

Der Norden steckt auch voller Naturwunder: Südöstlich von Hanoi, knapp zwei Fahrstunden von der Stadt entfernt, ragen die weißgrauen Kalkfelsen der Ha-Long-Bucht wie Salatgurken aus dem Wasser. Oder Sa Pa: Zwar entwi-

Landschaft in Grün – Reisfelder bei Hoa Binh im Norden Vietnams

Cao Bang

Frauen vom Volk der Tay transportieren schwere Lasten an Tragstangen

ckelt sich das Bergdörfchen rasant, doch noch ist es nicht ganz einfach, in die oft unwirtlich scheinenden »Vietnamesischen Alpen« im Nordwesten zu fahren, um die dort zurückgezogen lebenden Bergvölker zu sehen oder auf den Bergen durch dichten, kühl-gemäßigten Regenwald zu wandern. Die tropische Variante trifft man im Ba-Be-Nationalpark an, der noch ein echter Geheimtipp im Norden Vietnams ist.

CAO BANG

[117 E1] Fährt man von Hanoi aus auf dem Highway 3 nach Norden, kann man sich kaum vorstellen, je etwas anderes zu erreichen: Die öden Ansammlungen aus kleinen Fabriken, Minishops und pastellfarbenen Vorstadthäusern scheinen kein Ende zu nehmen. Doch malerisch eingebettet in die Gebirgslandschaft, auf ca. 700 m Höhe, liegt die – häufig von Dürreperioden und zuletzt 1999 von einer Nahrungsmittelknappheit heimgesuchte – Provinzhauptstadt Cao Bang mit 45 000 Einwohnern.

Da man für die gut 270 km von Hanoi einen ganzen Tag benötigt, ist das Städtchen Ausgangspunkt für Ausflüge nach Ban Doc zum 53 m hohen und 300 m breiten Ban-Doc-Wasserfall, in den idyllischen Ba-Be-Nationalpark sowie zu den malerischen Thang-Heng-Seen (Allradwagen erforderlich) oder der Pac-Bo-Höhle und zum Narang-Bergvölker-Markt. In der Stadt und der Provinz leben vor allem Tay (Tho), aber auch viele Nung und einige Hmong. Einige Stufen führen von der Duong Pac Bo zum *Kriegerdenkmal*, der einzigen Sehenswürdigkeit Cao Bangs.

ESSEN & TRINKEN

Rund um den Markt in der *Duong Hoang Nhu* gibt es zahlreiche preisgünstige und gute Essensstände.

HANOI UND DER NORDEN

Phong Lan Hotel
Lassen Sie sich von der schlichten grauen Fassade dieses staatlichen Hotels nicht abschrecken, denn hier befindet sich das beste Hotelrestaurant der Stadt. Zu einfachen Gerichten wie Pho-Nudelsuppen, *nem ran,* den Frühlingsrollen, oder Banh-Cuon-Kuchen kann man guten Gewissens raten. *Duong Nguyen Du, Tel. 026/85 22 60,* €

EINKAUFEN

Mit etwas Glück können Sie auf dem Markt echte, sehr fein gewebte bunte Teppiche der Tay und Muong kaufen. Auch gelegentlich angebotene Schnitzereien sind von sehr hoher Qualität. Empfehlenswert ist auch der große Markt der Bergvölker in *Tra Linh* an der Nationalstraße 3, der am 4., 9., 14., 19., 24. und 29. Tag eines Mondmonats stattfindet.

ÜBERNACHTEN

Es gibt mehrere kleine Hotels in der Stadt – und wenige Touristen, sodass die Preise erschwinglich sind.

Huong Thom Hotel
Nur elf saubere Zimmer hat dieses kuschelige Haus – oben mit Flussblick. Die Besitzer (die kein Englisch sprechen) bemühen sich redlich, es den Gästen aus dem Ausland so behaglich wie möglich zu machen. Das Hotel befindet sich in idealer Lage zum Markt in der Parallelstraße. Im Preis ist ein üppiges Frühstück enthalten. *Duong Kim Dong, Tel. 026/85 58 88,* €

MARCO POLO Highlights »Hanoi und der Norden«

★ **Ha-Long-Bucht**
Einfach herausragend: überflutete Kalksteinfelsen im Meer (Seite 32)

★ **Alt-Hanoi**
Malerische Handwerkerhäuser und quirlige Straßenmärkte (Seite 33)

★ **Ho Hoan Kiem**
An diesem idyllischen Stadtsee in Hanoi treffen sich nicht nur Verliebte (Seite 36)

★ **Van Mieu**
Konfuzianisch schlicht, doch beeindruckend groß ist der Literaturtempel in Hanoi (Seite 36)

★ **Chua Thay und Chua Tay Phuong**
Die buddhistischen Pagoden-Perlen Vietnams (Seite 42)

★ **Huong Son**
Das »duftende Gebirge« prunkt mit einer prächtigen Karstlandschaft (Seite 43)

★ **Sa Pa**
In den schroffen Bergen des Nordwestens kann man bunte Bergvölker erleben (Seite 44)

★ **Trockene Ha-Long-Bucht**
Turmkarstlandschaft bei Ninh Binh – Fels bis an den Horizont (Seite 45)

HAI PHONG

AUSKUNFT

Cao Ban Tourist Info
Phong Lan Hotel, Duong Nguyen Du, Tel. 026/85 22 45, kein Fax

Hier kann man Ausflüge buchen, sich einen Guide und Allradwagen vermitteln lassen. Rufen Sie unbedingt einige Tage vor Ihrem Eintreffen an.

ZIEL IN DER UMGEBUNG

Insider Tipp **Ba-Be-Nationalpark** [117 D1–2]
Das 85 km südwestlich von Cao Bang gelegene Gebiet wurde 1992 als Nationalpark eingerichtet. Der Park befindet sich in einer nur knapp 140 m hohen Senke und ist von Bergen gesäumt, die mehr als 1500 m hoch sind. Hier leben die Tay in ihren typischen, manchmal ziemlich brüchig wirkenden, aber doch stabilen Pfahlbauten. Der Name Ba Be – »drei Buchten« – deutet an, dass sich hier Gewässer befinden: drei miteinander verbundene, insgesamt 8 km lange, kristallklare Seen, in denen es mehr als 50 Arten von Süßwasserfischen geben soll. Im umliegenden tropischen Regenwald gedeihen rund 400 Pflanzenarten, zudem sind hier mehr als 300 verschiedene Tierarten beheimatet, darunter viele Affen, bunte Schmetterlinge und unzählige Vögel. Ein eindrucksvolles Erlebnis ist die Bootsfahrt durch die knapp 30 m hohe, rund 300 m lange *Puong-Höhle:* Dort leben Fledermäuse, und die Felsen und Tropfsteine wirken im Schein der Taschenlampen unheimlich.

Falls Sie in der Nähe der Seen übernachten wollen: Das *Ba Be Hotel (15 Zi., Tel. 026/87 61 15, kein Fax, €)* im 18 km entfernten Tay-Dorf Cho Ra stellt annehmbare Einzel-, Doppel- und Dreibettzimmer bereit.

Es gibt auch 🏃 Tagestouren ab Hanoi, die Sie für ca. 62 Euro in Travellercafés buchen können. Eine Gebühr von 2,50 Euro ist im Besucherzentrum am Parktor zu entrichten.

HAI PHONG

[117 E3] Die Atmosphäre der drittgrößten vietnamesischen Stadt, gelegen am Ufer des Song-Cam-Flusses gut 100 km südöstlich von Hanoi, erschließt sich nicht auf den ersten Blick – schließlich leben rund 1,6 Mio. Menschen in der Stadtprovinz, davon mehr als ein Drittel in der eigentlichen City. Doch schon bald zeigt sich die koloniale Vergangenheit Hai Phongs, das ab 1876 von den Franzosen zum Hafenstandort ausgebaut wurde: Im Quartier Francais rund um die Pho Dien Bien Phu stehen abwechselnd Villen, kleine Paläste, Hotels und Kolonnaden. Daran schließt sich östlich die Altstadt an.

Vom Duong-Ben-Binh-Terminal aus fahren mehrmals täglich Fährboote nach Cat Ba – das Slow Boat für ca. 8,20 Euro in zwei Stunden, das Tragflügelboot für ca. 16,40 Euro in etwa 50 Minuten.

SEHENSWERTES

Den Nghe
Der hübsche, im 18. Jh. entstandene Tempel wird von einem reich verzierten Steinaltar beherrscht. Sehenswert sind auch die vergoldeten Sänften, die wie die gesamte Ein-

HANOI UND DER NORDEN

richtung aus dem 19. Jh. stammen.
Ecke Le Chan/Me Linh

ESSEN & TRINKEN

Com Vietnam
Nahe dem Postamt liegt dieses Lokal, das köstliche Nudelsuppen *(pho)* mit Garnelen *(tom)*, aber auch gute Rindfleischgerichte kredenzt. *4 Pho Hoang Van Thu, Tel. 031/84 16 98,* €

EINKAUFEN

Sehenswert sind die beiden kunterbunten Märkte der Stadt: Auf dem *Cho Sat* nahe dem Tam-Bac-Busbahnhof kann man Blumen, kleine Snacks, Hüte und allerlei Haushaltswaren erstehen, auf dem gleich daneben liegenden *Cho Tam Bac* vor allem Lebensmittel.

ÜBERNACHTEN

Dien Bien Hotel
Hier steigen vor allem Europäer ab. Die Zimmer und Bäder sind sauber, aber sehr sparsam eingerichtet. *16 Zi., 67 Pho Dien Bien Phu, Tel. 031/74 52 64, Fax 75 47 43,* €

Harbour View Hotel
Sehr empfehlenswertes Haus einer thailändischen Hotelkette in elegantem Kolonialstil, geleitet von einem Schweizer Hotelmanager. Hier werden auch viele Ausflüge organisiert. *127 Zi., 4 Pho Tran Phu, Tel. 031/82 78 27, Fax 82 78 28, www.harbourviewvietnam.com,* €€€

AM ABEND

Das Nightlife in der Industriestadt ist bescheiden.

Saigon Café
In der gemütlichen Kneipe gibt es abends oft westlich orientierte Livemusik. Hier treffen sich Reisende aus aller Welt, um bei einem Bier ihre Erlebnisse auszutauschen. *Pho Dien Bien Phu/Ecke Pho Dinh Tien Hoang*

AUSKUNFT

Vietnam Tourism
12 Pho Le Dai Hanh, Tel. 031/84 29 57, Fax 84 29 74

ZIELE IN DER UMGEBUNG

Cat Ba [117 E–F3]
Einst galt die größte Insel der Ha-Long-Bucht, die etwa 30 km östlich von Hai Phong liegt, als Geheimtipp. Mittlerweile gibt es, vor allem im Hauptort Cat Ba, Dutzende Minihotels, und an den Wochenenden kommen zahllose Ausflügler aus Hai Phong, um sich in Karaokebars zu vergnügen. Doch ein großer Teil der Insel ist seit 1986 unter Naturschutz gestellt, und so sind der touristischen Entwicklung Grenzen gesetzt. Bewaldete, bis zu 300 m hohe Berge, tiefe Schluchten, Höhlen und Grotten sowie von Felsen umschlossene Badebuchten bilden ein kleines, südseeähnliches Areal, in dem zahlreiche Affen und Vogelarten leben.

Malerisch ist die *Lan-Ha-Bucht* östlich von Cat Ba Harbour mit vielen schönen Stränden. Die anderen Hauptstrände heißen *Cai Vieng*, *Hong Xoai Be* und *Hong Xoai Lon*. Teilweise wird für die Benutzung der Badebuchten eine Gebühr in Höhe von umgerechnet 0,50 Euro verlangt. Auf Touren in den Nationalpark kann man verschiedene Höhlen besichtigen, in denen Steinwerk-

HAI PHONG

zeuge und Menschenknochen gefunden wurden, die bis zu 7000 Jahre alt sind.

Eines der größeren Minihotels ist das *Sunflower Hotel (45 Zi., Cat Ba Harbour, Tel. 031/88 82 15, Fax 88 84 51, €)* mit gepflegten Zimmern, einem hübschen ↯ Dachgarten mit Freiluft-Billardbar und herrlichem Ausblick auf den Hafen.

Ha-Long-Bucht [117 E–F3]

★ Bei einem Bummel durch Ha Long City oder Hon Gai, die beiden nahe der Bucht gelegenen Orte, finden sich sehr schnell viele Begleiter ein: junge Vietnamesen, die Bilder oder Faltblättchen in der Hand halten und lautstark »Boo-Tou« rufen. An allen Ecken und Enden wird hier für eine Bootstour durch die in der Tat überwältigende »Bucht des herabsteigenden Drachens« geworben – man muss sich auf viel Rummel und hohe Preise einrichten. Dennoch: Die Bucht ist und bleibt Vietnams landschaftliches Juwel, 1994 wurde sie in die Liste der Unesco-Welterbestätten aufgenommen. Rund 3000 Inseln ragen aus dem smaragdgrünen, klaren Wasser des Golfs von Tongking. Die Fläche der Bucht entspricht mit 1500 km^2 knapp der doppelten Fläche von Berlin. Für die Entstehung gibt es zwei Erklärungen: eine wissenschaftliche, die besagt, dass die Felsen zur südwestchinesischen Kalktafel gehörten und nach der letzten Eiszeit vom Meer überspült wurden. Und eine Legende: Um mongolische Invasoren abzuwehren, soll einst ein Drache vom Himmel geflogen sein und die Landschaft mit seinem Schwanz zertrümmert haben, damit die Reiterheere ein Hindernis fänden. Dann tauchte der Drache ins Meer ab, damit das Wasser die Täler fluten konnte.

Empfehlenswert sind Bootstouren, die man vom Touristenbezirk Bai Chay aus buchen kann. In der

Schönheit, die nur ein Drache geschaffen haben kann: die Ha-Long-Bucht

HANOI UND DER NORDEN

Nebensaison (beispielsweise während der kurzen Regenzeit im Sommer) lohnt es sich, um den Preis zu feilschen. Eine solche Tour sollten Sie auch bei Regen oder Nebel nicht versäumen, denn dann wirken die Felstürme umso geheimnisvoller.

Natürlich sind es auch die vielen Höhlen, die zur Schönheit der Landschaft beitragen, wie etwa die *Hang Dau Go,* die Holzstangen-Höhle. Dort sollen jene hölzernen Waffen versteckt gewesen sein, mit der die Nordvietnamesen im 13. Jh. rund 500 000 Mongolen unter Kublai Khan vorübergehend in die Flucht schlagen konnten. Man erreicht die Höhle über 90 Stufen. Ein außergewöhnliches Erlebnis ist außerdem der Besuch der *Hang Trong,* der Trommelgrotte. Wind und Wetter verursachen an den vielen Stalagmiten und Stalaktiten eigenartige Geräusche.

Die meisten Restaurants und Unterkünfte befinden sich in Ha Long im Bezirk Bai Chay. Übernachten können Sie beispielsweise im *Hotel Ha Long 1–4 (60 Zi., Tel. 033/84 63 20 oder 84 63 21, Fax 84 63 18, €–€€€),* einem vierteiligen Hotelkomplex mit Zimmern aller Preisklassen an der Hotelmeile von Bai Chay, oder im *Heritage Halong Hotel (101 Zi., 88 Pho Halong, Tel. 033/84 68 88, Fax 84 69 99, €€),* einem sehr eleganten Haus.

HANOI

Karte auf Seite 122/123

[117 D3] Stolz und erhaben liegt Hanoi inmitten einer fruchtbaren Ebene 139 km oberhalb der Mündung des Roten Flusses (Song Hong) in den Golf von Tongking. Weiträumige Parkanlagen und rund 600 Tempel, Pagoden und europäischen Prunkbauten aus der Kolonialzeit prägen das Gesicht des 1010 gegründeten, aber erst von Kaiser Minh Mang (1820–41) benannten *Ha Noi,* der »Stadt an der Biegung der Flüsse«.

Man täte Vietnams Kapitale – die sich in vier Stadt- und fünf Landbezirke untergliedert – und ihren ca. 3,5 Mio. Einwohnern bitteres Unrecht an, würde man sie immer noch als verschlafen oder unterkühlt bezeichnen. Ganz im Gegenteil: Die Millionenmetropole ist, wie ihr südliches Pendant Saigon, im Aufbruch begriffen. Schätzungsweise 4,5 Mio. Mopeds röhren mittlerweile fast täglich durch die Straßen, Baulärm erfüllt die Häuserzeilen, überall entstehen Wohnhäuser oder Büroanlagen. Institutionen wie die Kunsthochschule (Ecole des Beaux-Arts) bekommen ihre alten Namen zurück. In Luxushotels wie dem Metropole steigt heute wie einst die High Society ab. Hanois Einwohner wirken, nachdem der Wirtschaftsboom den Norden Vietnams voll erfasst hat, optimistisch und fröhlich – vollkommen anders als noch zu Beginn der 1990er-Jahre.

SEHENSWERTES

Alt-Hanoi [122–123 C–D 2–3]
★ Kein Hanoi-Besucher kommt an der Altstadt vorbei. Deren Herz schlägt im Handwerkerviertel, das sich ab dem 11. Jh. bildete, als Kaiser Ly Thai To den Hauptstadtsitz nach Thang Long verlegte. Um den Kaiserpalast formte sich ein Ring

HANOI

aus 36 Dörfern – in jedem Ort gab es ein anderes Handwerk oder Gewerbe. Zünfte, Innungen und Gilden entstanden.

Aus dieser Zeit übrig geblieben sind die »36 Gassen«. Da sich in jeder Straße eine bestimmte Zunft niedergelassen hatte, sind sie nach den Waren benannt, die einstmals hier verkauft wurden – und die meisten der Straßen konnten sich bis heute erhalten. Hang Ca (was so viel bedeutet wie »Ware Fisch«) ist die Fischgasse, Hang Bo die Korbgasse, *Hang Buom* die Gasse der Segelmacher, *Hang Non* die Gasse der Hutmacher und *Hang Hom* die Sarggasse. Leider sind die vielen alten Backsteinhäuser aus dem 19. Jh., die oft nur von Sand, Kalk oder Zuckerrohrsirup zusammengehalten werden, vom Bauboom bedroht. Auch die Auslagen der Geschäfte haben sich vor allem den Bedürfnissen des Touristenstroms angepasst.

Chua Ba Da – Pagode der steinernen Frau [123 D4]

Hier wird die Nachbildung einer Frauenstatue verehrt, die im Jahr 1010 bei Beginn der Bauarbeiten an der Zitadelle gefunden wurde. Der steinernen Statue maß man seinerzeit magische Kräfte bei. *Tgl. Sonnenaufgang bis -untergang, 3 Pho Nha Tho, zwischen Hoan-Kiem-See und Kathedrale*

Chua Mot Cot – Einsäulenpagode [122 A2]

Zur dieser Pagode gibt es eine hübsche Legende: Dem alternden und kinderlos gebliebenen Kaiser Ly Thai To erschien eines Nachts die Göttin Quan Am, die ihm einen kleinen Jungen zeigte. Schon bald gab es männlichen Nachwuchs im Kaiserhaus, und Ly Thai To ließ aus Dankbarkeit auf einer Steinsäule einen Gedenkschrein in Form einer Lotosblüte bauen. Nachdem die Säule der Pagode 1954 von den

Fahrräder, Rikschas, Mopeds, Fußgänger – Alltag in Hanois Altstadt

HANOI UND DER NORDEN

Franzosen umgestürzt worden war, wurde sie in Beton nachgebildet. Noch heute wird die Bodhisattva Quan Am als Kinderbringerin hier verehrt. *Tgl. Sonnenaufgang bis -untergang, an der Pho Chua Mot Cot südlich des Ho-Chi-Minh-Mausoleums*

Chua Quan Su – Botschafterpagode [122 C4]

Hier wuselt das Leben – kein Wunder, denn hier befindet sich das buddhistische Zentrum der Stadt. Im 15. Jh. waren hier in einer Herberge buddhistische Gesandte aus anderen Nationen untergebracht. Heute ist Quan Su von Mönchen und Nonnen bewohnt. *Tgl. 7.30 bis 11.30, 13.30–17.30 Uhr, 73 Pho Quan Su*

Den Hai Ba Trung – Tempel der Trung-Schwestern [123 D6]

Seit 1143 ehrt dieser rekonstruierte Tempel zwei Nationalheldinnen. Nach ihrem Sieg über die Chinesen im Jahr 39 n. Chr. hatten sich Trung Trac und Trung Nhi zu Königinnen des Vietnamesischen Reichs krönen lassen. Doch die Chinesen kamen mit einer Übermacht zurück – und so wählten die beiden den Freitod durch Ertrinken. *Tgl. Sonnenaufgang bis -untergang, an der Pho Tho Lao, 2 km südlich des Hoan-Kiem-Sees*

Den Ngoc Son – Jadebergtempel [123 D3]

Der Tempel, der auf einer Insel im nördlichen Hoan-Kiem-See steht, ist General Tran Hung Dao, der im 13. Jh. die Mongolen besiegte, dem Gelehrten Van Xuong und dem Schutzheiligen der Ärzte, La Tho,

Eine Brücke verbindet das Seeufer mit dem Tempel Den Ngoc Son

gewidmet. Sie erreichen den Tempel über die hübsche The-Huc-Brücke, die rote »Brücke der aufgehenden Sonne«. *Tgl. 8–17 Uhr, Eintritt 0,80 Euro*

Den Tran Vu – Tempel des Tran Vu [122 B1]

Der wichtigste daoistische Tempel Hanois entstand 1010 vor den Toren der Stadt. Er ist dem Dämon und Zauberer Huyen Thien Tran Vu gewidmet, dem man außerhalb des Stadtgebiets huldigte, damit die Stadt selbst von Unglück verschont bliebe. Die 4 m hohe und knapp 4 t schwere Bronzestatue des Tran Vu entstand 1677. *Den Quan Thanh, tgl. 8–18 Uhr, Eintritt 0,25 Euro, am Südostufer des Westsees*

HANOI

**Ho-Chi-Minh-
Mausoleum** [122 A2]
Trutzig wirken die Quadersteine des Totenhauses von Ho Chi Minh, das 1973–75 aus schwarzem, rotem und grauem Marmor aus den Bergen von Da Nang für den großen Revolutionär gebaut wurde. Schweigend und zumeist in einer langen Besucherschlange defiliert man vorbei am Glassarkophag mit den sterblichen Überresten. Auf dem Platz vor dem Mausoleum hatte Ho Chi Minh am 2. September 1945 die Unabhängigkeit Vietnams erklärt. Der Eintritt ist frei. Wer aus dem Mausoleum kommt und dann weiter zu Ho Chi Minhs Haus will, muss 0,45 Euro Eintritt bezahlen. *April–Okt. Di–Do und Sa/So 7.30 bis 10.30 Uhr, Nov.–März 8 bis 11 Uhr, Aug./Sept. häufig geschl., direkt am Ba-Dinh-Platz*

Ho Hoan Kiem [123 D3–4]
★ Am Ho Hoan Kiem, dem »See des zurückgegebenen Schwertes« soll der Held Le Loi im 15. Jh. ein mächtiges Schwert von einer goldenen Schildkröte aus dem See erhalten haben, um damit die chinesischen Besatzer zu vertreiben. Als ihm dies gelungen war, fuhr das magische Schwert von selbst aus der Scheide und kehrte zu der Schildkröte zurück. Zum Dank entstand der Thap Rua, der Schildkrötenturm auf einer Insel mitten im See. Der See, der Alt-Hanoi und das französische Kolonialviertel verbindet, entstand durch Rückstau des Roten Flusses.

**Van Mieu –
Literaturtempel** [122 B4]
★ Ly Thanh Tong, der dritte Kaiser der Ly-Dynastie, ließ den Van Mieu 1070 zu Ehren des Konfuzius errichten. Nur sechs Jahre später gründete sein Nachfolger Ly Nhan Thong in einem Nebengebäude die erste Universität Vietnams: Quoc Tu Giam, das »Institut der Söhne des Staates«. Die 70 mal 350 m große Anlage des Literaturtempels besteht aus einer strengen Abfolge von Toren und Höfen, die dem Heiligtum des Konfuzius vorgelagert sind. Symbolisch für ihre Prüfungen, die man bis zur Erlangung der Himmlischen Klarheit bestehen muss, passieren Besucher nacheinander vier Tore. Der Weg beginnt an der Pho Quoc Tu Giam, von wo aus man durch das *Van-Mieu-Portal* in den Vorhof gelangt. Der gepflasterte Weg führt auf das Tor *Dai Trung* zu, das »Tor der Großen Mitte«, und weiter zum Tor *Khue Van Cac*: Die »Plejaden-Pforte« erhielt ihren Namen nach der für die Gelehrten bedeutenden Sternenkonstellation. 1802 wurde hier ein Pavillon gebaut, der als Schauplatz für literarische Debatten oder Dichterlesungen diente. Im dahinter liegenden Hof scharen sich steinerne Schildkröten, Symbole der Weisheit, um den *Thien Quang Tinh*, den »Brunnen der Himmlischen Klarheit«. Sie tragen insgesamt 82 Stelen mit den Namen der 1306 Preisträger, die zwischen 1442 und 1779 sage und schreibe 82 Literaturprüfungen pro Jahr erfolgreich bestanden hatten. Im letzten Hof, dem *Dai Thanh* (Großer Erfolg) werden die 72 Weisen gewürdigt, die besten Schüler des Konfuzius. *Tgl. 8–17 Uhr, Eintritt 1,10 Euro*

Zitadelle [122 B–C 2–3]
Gute 50 Jahre lang war sie militärisches Sperrgebiet, nun sind die ers-

HANOI UND DER NORDEN

ten rekonstruierten Teile wieder für Besucher zugänglich. Kaiser Gia Long hatte die Zitadelle zwischen 1802 und 1812 nach Plänen französischer Festungsbaumeister errichten lassen. So war es 1872 für die Franzosen nicht schwer, das Bollwerk zu erobern und großteils zu zerstören. Über das Nordtor Cua Bac und das Zentraltor *Doan Mon* auf Höhe des Ho-Chi-Minh-Mausoleums kommt man hinein. *Mo–Fr 9–17 Uhr, Eintritt 1 Euro*

MUSEEN

Ethnologisches Museum [O]
Hervorragend konzipierte Ausstellungen zu Kultur, Siedlungsweise, Arbeitsgeräten, Trachten, kunsthandwerklichen Fähigkeiten und Religion der 54 Minderheiten Vietnams. *Di–So 8.30–17.30 Uhr, Eintritt 0,80 Euro, Duong Nguyen Van Huyen, am nördlichen Stadtrand auf dem Weg zum Flughafen, Anfahrt mit Bus 14 ab Bo Ho (Parkplatz am Nordufer des Hoan-Kiem-Sees) bis zur vierspurigen Ausfallstraße Hoang Quoc Viet (Höhe Nr. 32), dann 5 Minuten zu Fuß (Wegweiser), Fahrzeit 25 Minuten*

Historisches Museum [123 E4]
Mehr als 2000 Exponate geben, auf zwei Stockwerke verteilt, einen ausführlichen Überblick über die vietnamesische Geschichte. *Fr–Mi 8.30–11.45, 13.30–16 Uhr; Eintritt 1 Euro, 1 Pho Pham Ngu Lao, östlich des Stadttheaters*

Ho-Chi-Minh-Haus [122 A2]
Meistens gibt es Besucherschlangen an dem hölzernen Wohnhaus, das Ho Chi Minh von 1958 bis zu seinem Tod 1969 bewohnte. So sind die Einblicke in das spartanisch eingerichtete Arbeitszimmer, das nicht minder sparsam ausgestattete Schlafzimmer und den kleinen Teich, an dem »Bac Ho« oftmals sinnierte, zeitlich begrenzt. *Di–So 8–11, 13.30 bis 16 Uhr; Eintritt 0,45 Euro, Ba-Dinh-Platz, neben dem Präsidentenpalast (im Park gelegen)*

Ho-Chi-Minh-Museum [122 A3]
Hier haben russische und vietnamesische Künstler zusammengearbeitet und Ausstellungen konzipiert, die nicht nur die Person Ho Chi Minhs mit zahlreichen Fotos, Handschriften, Artikeln und Memorabilia in der Abteilung »Vergangenheit« würdigen. Im zweiten Stock ballen sich, unter dem Titel »Zukunft«, Kitsch und Kunst. Das Museum wurde zum 100. Todestag Ho Chi Minhs im Mai 1990 eröffnet. *Di–So 8–12, 13.30–16 Uhr; Eintritt 0,45 Euro, Pho Ngoc Ha*

Skulptur eines meditierenden Buddha im Historischen Museum

HANOI

ESSEN & TRINKEN

Zahlreiche gute Garküchen gibt es am Westrand der Altstadt in den beiden Gassen *Cam Chi* und *Tong Duy Tan* sowie in der *Pho Cam Chi*, ungefähr 500 m nordöstlich des Bahnhofs. Am Südufer des Westsees, in der *Duong Thuy Khue*, empfehlen sich rund 30 Fischlokale.

Café Giang [123 D3]

In dem kleinen Café nahe beim Hoan-Kiem-See schmecken nicht nur Spezialitäten wie Kaffee mit Eigelb *(ca phe trung)*, der hier schon seit über 50 Jahren serviert wird, sondern auch Espresso oder Cappuccino und die Snacks. Geöffnet ist tgl. 9–12 und 14.30–20 Uhr. *7 Pho Hang Gai, kein Tel.,* €

Cyclo-Bar (Insider Tipp) [122 C3]

Ganz gleich, ob Sie die Küche Hanois oder des ganzen Landes kennen lernen wollen: Hier stimmen nicht nur Preis und Leistung. Auch das Ambiente ist originell: Die Besitzer haben ausrangierte Cyclo-Kabinen liebevoll restaurierten und an die Tische stellen lassen. Zum Restaurant gehört ein gemütlicher Freibereich, geöffnet ist tgl. 9–23 Uhr. *38 Duong Thanh (nahe Hang-Da-Markt), Tel. 04/828 68 44,* €

Dac Kim [122 C3]

Eine der ganz guten Hanoier Mini-Garküchen. Hier gibt es jeden Tag (ca. 7–20 Uhr) Köstlichkeiten wie beispielsweise *nem*, Frühlingsrollen. *1 Pho Hang Manh, kein Tel.,* €

Highway 4 (Insider Tipp) [123 D3]

Café-Bar mit den besten selbst gebrannten Schnäpsen in ganz Vietnam (über 30 Sorten) und wunderbarer nordvietnamesischer Küche, auch Spezialitäten der Bergvölker. An der Wand sind kunstvolle Muong-Teppiche und Reispapierzeichnungen zu sehen. Geöffnet ist

Eine heiße Suppe findet sich in Hanois Altstadt zu jeder Tageszeit

HANOI UND DER NORDEN

Auf den Hund gekommen
Mal ist er Streicheltier, mal kommt er auf den Teller

Ein durchaus zwiespältiges Verhältnis haben die Vietnamesen zum vierbeinigen Begleiter des Menschen. Im Norden wird Hundefleisch (*thit cho* oder *thit cay*) sehr gern als Delikatesse verzehrt, vor allem im kalten Winter – schwarz darf der Hund allerdings nicht sein, das brächte Unglück. Doch damit könnte bald Schluss sein. Immer mehr reiche Familien, vor allem im Süden, legen sich ein teures Schoßhündchen zu, das bis zu 500 Euro kosten kann. Sich damit auf der Straße zu zeigen gilt als sehr fein, und obwohl die Vietnamesen sonst eigentlich für Tiere nicht viel übrig haben, wird das Schoßhündchen nach Kräften verwöhnt. Denn für die Pfanne ist es ja viel zu teuer!

jeden Tag von 8 Uhr bis Mitternacht. *5 Pho Hang Tre, kein Tel.,* €

Press Club [123 D3]
Hier gibt es die beste französische Küche der Stadt, aber auch die teuersten Gerichte Hanois – tgl. ab ca. 18 Uhr. *59 A Pho Ly Thai To, Tel. 04/934 08 88,* €€€

Thao Vien [123 E5]
Sehr gute, authentische vietnamesische Küche, freundlicher Service und faire Preise – tgl. 9–21 Uhr. *2 Pho Tran Hung Dao, kein Tel.,* €

EINKAUFEN

La Boutique [122 C4]
Das Geschäft führt hochwertige, teilweise recht originell bemalte Seidenstoffe und modische Kleidung aus Seide. *6 Pho Na Tho, nahe der St.-Josephs-Kathedrale*

Indochine House [122 C4]
Hier können Sie hochwertige vietnamesische Antiquitäten kaufen, aber auch gute Repliken. Fragen Sie bei Bedarf nach Versand ins Ausland bzw. einer Ausfuhrbescheinigung. *13 Pho Na Tho, nahe der St.-Josephs-Kathedrale*

Märkte
Zu den noch nicht überlaufenen Märkten gehört der *Hang-Da-Markt* [122 C3] in der Altstadt nahe der St.-Josephs-Kathedrale. Im 2. Stock gibt es z. B. sehr preiswerte Kleidung. Ein Bummel über den riesigen *Dong-Xuan-Markt* [122 C2] in der Altstadt gehört ebenfalls zum Shoppingprogramm. Hier können Sie Hüte, Obst, Gemüse und vieles mehr erstehen – und das auch bis Mitternacht.

ÜBERNACHTEN

An Sinh [123 D3]
🏃 Sehr preisgünstiges Minihotel an der »Rucksackmeile« Hang Be mit sauberen, einfach ausgestatteten Zimmern. *6 Zi., ein Schlafsaal, 49 Pho Hang Be, Tel. 04/824 22 29, kein Fax,* €

HANOI

Continental Hotel [122 C3]
Frau Lan, die Besitzerin, spricht nicht nur ausgezeichnet Deutsch. Sie pflegt ihre 15 Zimmer auch jeden Tag liebevoll und hat viele Tipps parat. *24 Pho Hang Vai, Tel. 04/828 28 97, Fax 828 29 89, continental@fmail.vnn.vn,* €

Hotel Sofitel Metropole [123 D4]
Das beste Haus am Platz. Wer den Charme der Kolonialzeit genießen möchte, sollte im renovierten alten Flügel nächtigen. Der 1996 eröffnete Opera Wing ist zwar komfortabler, hat aber auch ein bisschen weniger Flair. *244 Zi., 15 Pho Ngo Quyen, Tel. 04/826 69 19, Fax 826 69 20, www.sofitel.com,* €€€

Huyen Trang [123 D3]
Ein hübsches Minihotel mitten in der Altstadt. Wer die besseren Zimmer (z. B. Nr. 306) bucht, genießt einen vortrefflichen Blick ins Altstadtgewimmel. Doch auch die kleineren Räume sind sehr empfehlenswert. *20 Zi., 36 Pho Hang Trong, Tel. 04/826 84 80, Fax 824 74 49, huyentrang@fpt.vn,* €

Lucky Hotel [123 D3]
Beliebtes Altstadt-Minihotel. Die Zimmer sind im vietnamesischen Stil eingerichtet und sehr komfortabel, z. B. mit Satellitenfernsehen. *17 Zi., 12 Pho Hang Trong, Tel. 04/825 10 29, Fax 825 17 31,* €€

Insider Tipp **Manh Dung** [122 C3]
In einer ruhigen Altstadtgasse liegt dieses familiäre, saubere Minihotel mit nur sechs Zimmern, die häufig von Wochengästen belegt sind (reservieren!). *2 Pho Tam Thuong, Tel. 04/826 72 01, Fax 824 81 18, manhdung85@hotmail.com,* €

Insider Tipp **Pho Co** [123 D3]
Schlicht-moderne, geräumige Zimmer mit großen Fenstern, Dusche und/oder Badewanne, Minibar, Satelliten-TV, Ventilator oder Aircondition. Ein echtes Glanzlicht für diesen Preis inklusive Frühstück. *11 Zi., 24 Pho Hang Be, Tel. 04/825 24 21, Fax 934 59 20, hohoa@hn.vnn.vn,* €

FREIZEIT & SPORT

Ho Tay Water Park [O]
Viele Pools, Riesenrutschen und Gelegenheiten zum Plantschen auf über 35 000 m². *614 Pho Lac Long Can, West Lake, tgl. 9–23 Uhr, Eintritt 4,40 Euro*

Insider Tipp **King's Island Golf Resort & Country Club** [117 D3]
18-Loch-Bahn ca. 50 km westlich von Hanoi am kristallklaren Dong-Mo-Stausee am Fuß des Ba-Vi-Bergs (Provinz Ha Tay). Ein 5-Sterne-Hotel soll demnächst fertig gestellt werden. *Dong Mo, Son Tay Village, Tel. 034/83 46 66, Fax 83 46 70, kings_island@fpt.vn*

AM ABEND

Diskotheken
Hanois Nightlife ist weitaus besser als sein Ruf. Angesagt, auch bei älteren Besuchern, ist etwa das *Apocalypse Now (5C Pho Hoa Ma)* mit Rock und Pop der 1960-er und 1970-er (leider auch Prostituiertentreff) [123 D6]. Die Szene mischt sich im 🏃 *Club Q. (360 Pho Kim Ma)* des Daewoo Hotels unter die westlichen und japanischen Gäste [122 A3]. Weitere angesagte Clubs: *Club XO (88 Pho Quan Thanh)* [122 B1]; *Metal (57 Pho Cua Nam)*

HANOI UND DER NORDEN

Kegelhüte, Körbe und Kolonialarchitektur: Bauern vor Hanois Oper

mit Hard Rock **[122 B4]**; *Sparks (88 Pho Lo Due)* **[122 C5]**, *Magic Moo (23 Thanh Thinh)* **[123 D6]**.

Hanoi Spirit Club **[123 D3]**
Der Club gehört zum Hostel Queen 2. Hier ist jeden Abend traditionelle vietnamesische Livemusik zu hören. *50 Pho Hang Be, Tel. 04/826 73 56, tgl. ca. 19–23 Uhr*

Jazzclub
Quyen Van Minh **[123 D3]**
Barbesitzer Minh unterricht Saxofon am Konservatorium in Hanoi – und so darf man sich hier auf feinsten Livejazz freuen (tgl. 20.30–23 Uhr). *31–33 Pho Luong Van Can, Tel. 04/825 76 55*

Opernhaus **[123 E4]**
Auf dem Programm stehen klassische Konzerte, Theateraufführungen (oft in Vietnamesisch) sowie Tanzdarbietungen. Den aktuellen Spielplan für die Oper finden Sie in der Zeitung »Vietnam News«. *Pho Nha Hat Lon, 1 Pho Trang Tien, Oper Tel. 04/825 43 12, Theater Tel. 04/933 01 31*

Spotted Cow **[123 D5]**
Hier gibt's das beste Bier der Stadt. Ab 21 Uhr proppenvoll! *23 C Pho Hai Ba Trung, Tel. 04/824 10 28*

Städtisches
Wasserpuppentheater **[123 D3]** *Insider Tipp*
Elf Spieler bewegen die Puppen zur Musik, die von Holzflöten, Gongs, zylindrischen Trommeln und der einsaitigen Kastenzither *dan bau* produziert wird. Die Spannung steigt, wenn das Licht im Auditorium ausgeht – selbst wenn man die Sprache nicht beherrscht, begreift man die Szenen recht schnell. Man sieht den Kampf eines Fischers mit seiner Beute, hört den Reis wachsen, erlebt die rasante Entenjagd eines Jaguars mit, begegnet Feuer speienden Drachen. Die Vorstellungen dauern eine gute Stunde. *Pho Dinh Tien Doang, Tel. 04/824 94 94, Beginn tgl. 18.30 und 20.30 Uhr, Eintritt ca. 2,10 Euro, mit Kassette ca. 4,20 Euro*

Zirkus – Rap Xiec **[122 C6]**
Die rund zweistündige Show des Staatszirkus mit Löwen- und Elefan-

HANOI

tendressur, Clowns und Hochseilartisten ist sehr sehenswert. *Di–So 20 Uhr, So 9 Uhr Vorstellung für Kinder, Pho Tran Nhan Tong, beim Eingang zum Leninpark*

AUSKUNFT

Hanoi Tourism [123 D5]
18 Pho Ly Thuong Kiet, Tel. 04/ 826 67 14, Fax 825 42 09

Ocean Tours [123 D3]
Ein zuverlässiger Veranstalter für Touren in den Norden. *51 Pho Hang Be, Tel. 04/926 04 63, Fax 926 05 02, oceantours@fpt.vn*

Sinh Café
Ebenfalls bewährte Reiseagentur.
– 52 Pho Hang Bac, Tel. 04/ 828 75 52, Fax 822 60 55, open tour@hn.vnn.vn [123 D3]
– 56 Pho Hang Be, Tel. 04/ 824 24 57, Fax 934 41 03, sinh cafetour@hn.vnn.vn [123 D3]

ZIELE IN DER UMGEBUNG

**Chua Thay und
Chua Tay Phuong** [117 D3]
★ Inmitten einer fruchtbaren, noch sehr ursprünglichen Reislandschaft, ca. 40 km südwestlich von Hanoi, liegen – nur wenige Kilometer voneinander entfernt – diese beiden wunderschönen Pagoden.

Ein bisschen fit sollten Sie sein, wenn Sie die ⚠ Tay-Phuong-Pagode nahe dem Dorf Thach Xa entdecken möchten. Sie liegt nämlich auf einem 50 m hohen Hügel, auf den rund 260 Stufen hinaufführen. Der Lohn für die schweißtreibende Mühe sind nicht nur der schöne Ausblick und Anblick der drei Pagodengebäude aus Eisenholz mit geschwungenen Dächern, die mit allerlei Drachen und den Fabeltieren Einhorn und Phönix sowie mit Schildkröten verziert sind – Sie bekommen auch die sehr wertvollen Holzstatuen der 18 La Han oder »Erleuchteten« zu sehen, insgesamt 62 filigrane Figuren, meisterhaft geschnitzt aus dem sehr beständigen Holz des Jackfruitbaums.

Idyllisch liegt Chua Thay, die »Pagode des Meisters«, am Drachensee Long Tri nahe beim Dorf Sai Son zu Füßen eines Kalkbergs. Sie ist dem Wunderheiler und Zauberer Tu Dao gewidmet, der sich im 12. Jh. auf den Berg zurückzog, um zu meditieren und dann die Lehre Buddhas zu verbreiten. Tu Dao gilt auch als Schutzpatron der Wasserpuppenspieler.

**Hoa Binh
und Huong Son** [117 D4]
Der unscheinbaren Provinzhauptstadt Hoa Binh am Schwarzen Fluss Song Da und dem gleichnamigen Stausee ungefähr 75 km westlich von Hanoi merkt man nicht an, dass sich ganz in ihrer Nähe eine der wichtigsten Wallfahrtsstätten des Landes befindet. Die meisten Touristen kommen hierher, um eines der Dörfer des Muong-Bergvolks, wie etwa *Ban Dam* oder *Giang,* zu sehen und über die kunstvollen Langhäuser auf Pfählen zu staunen. Auch das *Mai-Chau-Tal* der Weißen und Schwarzen Thai mag noch auf der Landkarte erlebnishungriger Besucher zu finden sein, wo man – am besten mit einem einheimischen Guide für ca. 10 Euro – den Bergvölkern einen Besuch abstatten kann. Doch die *Huong-Tich-Höhle,* die inmitten der prachtvollen Karstlandschaft des

HANOI UND DER NORDEN

Die traditionellen Wohnhäuser der Bergvölker werden auf Pfählen errichtet

★ ◊ Huong Son liegt, kennt kaum jemand. Zu der Höhle gelangen Sie, wenn Sie von Hoa Binh zurück in Richtung Ha Dong fahren und 4 km vor der Stadt rechts abbiegen. Die Huong Son Tourist Area, so die offizielle Bezeichnung, umfasst eine Fläche von ca. 10 km² und schließt einige Berge ein, die zum Huong-Tich-Gebirgszug gehören, ferner kleine Flüsse, einige Dörfchen und Höhlen. Das Gebiet liegt nördlich der Truong-Son-Berge. In die Höhle wurde im 16. Jh. die *Chua Huong Tich*, die »Duftpagode«, zu Ehren der Göttin Quan Am gebaut. Weitere Schreine und Pagoden wurden in anderen Höhlen und Grotten oder auf Felsvorsprünge gebaut. *Auskunft: Hoa Binh Tourist, Dong Tien Ward, Tel. 018/85 43 70, Fax 85 43 72*

LAO CAI

[116 B2] Willkommen in den »Alpen von Tongking«. So nannten die Franzosen die beeindruckende Berglandschaft in der Provinz Lao Cai, die zu den höchstgelegenen Distrikten Vietnams zählt. Der Grenzort Lao Cai, an dem der Rote Fluss in Richtung China abbiegt, ist, was sein Name übersetzt bedeutet: ein alter Markt. Hier, auf gut 1500 m Höhe, treffen sich nach wie vor die Hmong, die Weißen und Roten Thai, die Nung und andere Völker, um Handel zu treiben. Hier beginnen oder enden Trekkingtouren, und hier kommen die Reisenden mit dem Victoria Express an, um in den Bus nach Sa Pa umzusteigen und die restlichen 39 km auf einem holprigen Bergweg zu bewältigen.

AUSKUNFT

Hanoi Tourism
18 Pho Ly Thuong Kiet, Hanoi, Tel. 04/826 67 14, Fax 825 42 09

Lao Cai Tourist Trade
Pho Thuy Hoa, Duyen-Hai-Bezirk, Tel. 020/82 11 34, Fax 82 31 01

LAO CAI

Im Eiltempo wandelt sich Sa Pa vom ruhigen Bergort zum Touristenziel

ZIEL IN DER UMGEBUNG

Sa Pa [116 B2]

Insider Tipp

★ Die Anreise mit dem *Victoria Express* könnte nicht stilvoller sein: Die Unterbringung erfolgt in holzgetäfelten Schlafwagenabteilen, im Speisewagen wird vorzügliche vietnamesische Küche serviert. Die Fahrtdauer von Hanoi nach Lao Cai beträgt 10 Stunden. Der Zug fährt gegen 21.30 Uhr ab und erreicht am frühen Morgen Lao Cai – von dort werden die Reisenden in einem Kleinbus in rund 45 Minuten nach Sa Pa gebracht (insgesamt ca. 52 Euro ohne Verpflegung, Info beim Victoria Hotel Sa Pa).

In Sa Pa gibt es bereits mehr als 60 Guesthouses. Viele Häuser heben die Preise am Wochenende an und gewähren unter der Woche »großzügig« Rabatt – meiden Sie also die Wochenenden. Die besten Zeiten für einen Besuch sind Oktober/November und März bis Mai. Von Dezember bis Februar kann es empfindlich kalt, zwischen Juni und September zu feucht werden. Angebote lokaler Guides gibt es reichlich, empfehlenswert sind Touren von Hung *(Viet Hung Guesthouse)* und Thuc *(Auberge)*.

Beim *Samstagsmarkt* treffen sich die Hmong- und Zao-Einwohner aus den umliegenden Dörfern, um ihre handgefertigten Stoffe oder Kleidung zu verkaufen. Originalgewänder können Sie sich im kleinen *Sa-Pa-Museum (unregelmäßig geöffnet, Eintritt 0,45 Euro)* ansehen.

Für die Übernachtung empfiehlt sich z. B. das ⚡ *Auberge (Tel. 020/87 12 43, Fax 87 16 66, €):* zehn helle Zimmer mit Kamin, Bad und Terrasse, Aufenthaltsraum mit Bibliothek, sehr gutes Essen; Sohn Thuc ist einer der besten Guides. *Victoria Sa Pa (Tel. 020/87 15 22, Fax 87 15 39, victoriasapa@fpt.vn, €€€):* Das erste Haus am Platz, im kolonialen Chaletstil, verfügt über 76 geschmackvoll eingerichtete Balkonzimmer und Gourmetküche sowie, im Sommer, einen offenen Indoor-Swimmingpool.

Ganz nach Wahl können Sie die Bergdörfer auf Schusters oder auf

HANOI UND DER NORDEN

echten Rappen erkunden. Dabei sollten Sie den idyllischen *Thac-Bac-See* nicht auslassen. Bergerfahrene Trekker sollten sich, bevor sie sich zum Gipfelsturm auf den 3143 m hohen ↘ *Fansipan (Phan Si Pang)* aufmachen, auf jeden Fall nach dem Wetter erkundigen. Im Sommer hüllt sich der Berg zumeist in Wolken.

NINH BINH

[117 D4] Einst glich die Provinzhauptstadt Ninh Binh trotz ihrer 53 000 Einwohner eher einem großen, beschaulichen Dorf. Das hat sich geändert: Vor allem Individualreisende haben die Stadt entdeckt – liegt sie doch im Herzen der spektakulären Karstlandschaft, die den Beinamen »Trockene Ha-Long-Bucht« trägt. Die Einwohner Ninh Binhs leben vor allem von der Produktion von Baumaterial wie Sand oder Zement, als dessen Grundlage der Kalkstein aus den umliegenden Bergen verwendet wird.

ÜBERNACHTEN

Thuy An
Die sauberen Zimmer mit Klimaanlage sind sehr komfortabel, besonders die ↘ Nr. 501, die ganz oben liegt und den Panoramablick über die Stadt zum kleinen Preis gewährt. *20 Zi., 55 A Pho Truong Han Sieu, Tel. 030/87 16 02, Fax 87 69 34, thuyanhotel@hn.vnn.vn, €*

AUSKUNFT

Hanoi Tourism
18 Pho Ly Thuong Kiet, Hanoi, Tel. 04/826 67 14, Fax 825 42 09

Ninh Binh Tourist
255 Duong Ninh Binh, Tel. 030/712 63 oder 715 76, Fax 720 90

ZIELE IN DER UMGEBUNG

Cuc-Phuong-Nationalpark **[117 D4]**
Der 44 km westlich von Ninh Binh gelegene, knapp 250 km^2 umfassende Cuc Phuong ist der größte Dschungelpark Vietnams. Hier gibt es 1000 Jahre alte Baumriesen, zudem Fasane, Wildhühner, Eichhörnchen, über 150 Vogelarten und zahllose Schmetterlinge. Zehn Trekkingrouten führen durch das einzigartige Urwaldgebiet, das von den Kriegen verschont geblieben ist. Hier wurde 1991 der für ausgestorben gehaltene Delacour-Langur wieder entdeckt, der jetzt in einem kleinen Affenzentrum wieder gezüchtet wird. Bis zu 600 m hoch ragen die Felsen empor. In Tropfsteinhöhlen wie *Con Mong* und *Hang Dang* wurden prähistorische Steinwerkzeuge und Höhlenmalereien gefunden. Im Park befindet sich ein Gästehaus. *Eintritt 5 Euro*

Trockene Ha-Long-Bucht **[117 D4]**
★ Verwundert reibt man sich die Augen: Aus dem dunklen Grün ragen bewaldete Kegel, die an den Zuckerhut in Rio erinnern, Felsspitzen und Bergrücken abrupt und scheinbar ohne Sockel empor. Kein Wunder, dass sich diese sagenhafte Turmkarstlandschaft schnell zu einer Attraktion entwickelte. Die im Lauf der Jahrmillionen erodierten Kalksteinformationen nehmen es an Schönheit durchaus mit der Ha-Long-Bucht auf – nur, dass eben das Wasser fehlt.

HUE UND DIE MITTE

Kaiserliche Pracht, ewiger Frühling

Der Kaiserpalast von Hue, weiße Strände und die Altstadt von Hoi An: die Vielfalt Mittelvietnams

Bei Quynh Luu beschreibt der Highway 1 eine große Kurve in Richtung Süden, und langsam wandelt sich die Landschaft: Die ersten Berge am Horizont unterbrechen bald die eintönige Ebene rund um Hanoi. Das Truong-Son-Gebirge ist der erste Teil des Hochlands, das sich von nun an für die nächsten 1000 km entlang der Küste von Zentralvietnam als ständiger Begleiter hinzugesellt. Hier, im nördlichen Teil Zentralvietnams, lernt man die ärmste Region des Landes kennen, die unter den Bombardements der US-Truppen besonders gelitten hat. Nicht viele Reisende legen die Strecke bis zur stolzen Kaiserstadt Hue im Wagen, per Rad oder Bahn zurück – die meisten Urlauber fliegen von Hanoi nach Hue.

In Hue, der alten Kaiserstadt am Parfümfluss, können sich die Augen gar nicht satt sehen an all den filigranen Drachenornamenten der kaiserlichen »Halle der höchsten Harmonie«. Fast ist es, als säße noch heute einer der Erhabenen auf seinem Thron zwischen den massigen Säulen, die in den Farben Rot und Gold gehalten sind. Wie eine zu groß geratene Hochzeitstorte ragt die Thien-Mu-Pagode empor, die mit ihren sieben Stockwerken die sieben Inkarnationen des Buddha symbolisiert, des Erleuchteten, an den viele Vietnamesen neben ihren Naturdämonen, Göttern und Ahnengeistern glauben.

Nicht sehr weit ist es zum »Schönen Berg«, wie der Name My Son übersetzt heißt. Rund 70 – größtenteils beschädigte – Tempel umfasst diese verfallene Kultstätte ca. 70 km südwestlich von Da Nang, errichtet von den Baumeistern und Königen von Champa zwischen dem 4. und dem 13. Jh. Die Bauten sind Zeugen eines großartigen und begabten Kulturvolks, das sich anderthalb Jahrtausende gegen Chinesen und Khmer, gegen japanische Seeräuber oder, im Norden, die Vietnamesen zu behaupten wusste. Nur einige Zehntausend Nachkommen haben im heutigen Vietnam ihren Platz gefunden.

Südlich schließt eine der bei Touristen nicht zu Unrecht beliebtesten Regionen Vietnams an: Die Stadt Da Nang, berühmt für ihre Strände wie etwa den kilometerlangen China Beach, an dem im Dezember 1992 der erste internatio-

Die Tore der Kaiserstadt von Hue waren für die Bevölkerung jahrhundertelang verschlossen

Buon Ma Thuot

dank seiner Lage auf der Höhe von 1500 m über dem Meer eine »Stadt des ewigen Frühlings«, die sich vor allem bei Hochzeitspaaren, aber auch Golftouristen aus Saigon großer Beliebtheit erfreut.

Buon Ma Thuot

[121 E1] Es ist der 200 000-Einwohner-Stadt anzumerken, dass sie 1910 aus einem französischen Militärposten entstand. Rund um das ziemlich eindeutig auszumachende Zentrum scharen sich die rechtwinklig geplanten Straßen. Aus den Tagen, als die Franzosen hier im kühlen Hochland, gut 500 m über Meereshöhe, ihren Sommerurlaub verbrachten, haben sich hübsche alte Villen erhalten. Buon Ma Thuot ist die Provinzhauptstadt von Dac Lac und für den besten Kaffee des Landes berühmt.

Frau vom Volk der Ede aus dem zentralen Hochland

MUSEUM

Ethnologisches Museum – Bao Tang Tinh

Wer sich für die Bergvölker der Ede, Hmong oder Muong interessiert, bekommt in diesem Museum gute Infos. Ausgestellt sind traditionelle Kostüme, Handwerksgeräte, Jagdwaffen und Fischereibedarf. *Di–Sa 7–11.30, 13.30–17 Uhr, Eintritt frei, 4 Nguyen Du*

nale Surfwettbewerb Vietnams ausgetragen wurde, und die zauberhafte kleine Hafenstadt Hoi An. Galt dieser Ort am Ufer des Thu-Bon-Flusses noch vor wenigen Jahren bei Rucksackreisenden als Geheimtipp, so ist er heute Programmpunkt fast aller Pauschalreisen. Kaum jemand kann sich dem einzigartigen Charme von Hoi An entziehen, wo die Zeit Mitte des 19. Jhs. stehen geblieben zu sein scheint.

An der Grenze zu Südvietnam weitet sich das Hochland in Richtung Westen aus. Als letzter Außenposten Mittelvietnams ist Da Lat

ESSEN & TRINKEN

Bon-Trieu-Restaurant

Haben Sie Lust auf ein köstliches *bon bay mon*, hauchdünnes Rindfleisch in süßsauren Soßen? Dann sind Sie hier richtig. *33 Duong Hai Ba Trung, kein Tel., €*

HUE UND DIE MITTE

EINKAUFEN

Than Bao Coffee Sales
Es gibt in Buon Ma Thuot sehr guten und vergleichsweise günstigen Kaffee zu kaufen. Hier können Sie ganze Bohnen erstehen oder sich den Kaffee gleich mahlen lassen.
Duong Hoang Dieu

ÜBERNACHTEN

Thang Loi Hotel
Von den komfortablen Zimmern blickt man auf das Siegerdenkmal – daher der Name des Hotels, denn Thang Loi bedeutet »Sieg«. *41 Zi., 1 Duong Phan Chu Trinh, Tel. 050/ 85 76 51, Fax 85 23 22, €€*

AUSKUNFT

Dak Lak Tourist
3 Duong Phan Chu Trinh, Tel. 050/ 85 21 08, Fax 85 28 65

ZIELE IN DER UMGEBUNG

Die Provinz von Dac Lac war bis zum Zweiten Weltkrieg Jagdrevier der Kaiser von Hue – kein Wunder, denn die Gegend ist so reich an Wild wie kaum ein anderer Landstrich Vietnams. Zudem gibt es hier zahlreiche Gewässer: 27 km südwestlich von Buon Ma Thuot donnern, vor allem nach starken Gewittern, die Kaskaden der *Drai-Sap-Wasserfälle* [121 E1] inmitten eines Regenwaldgebiets in die Tiefe. In *Buon Tua* können Sie Vertreter der Ede-Minderheit kennen lernen. Bei diesem Bergvolk, das auch Rhade genannt wird, sind die Mütter die Familienoberhäupter. Die Clans leben in Langhäusern.

Der fischreiche *Lak-See* [121 E2] liegt ca. 20 km südlich von Buon Ma Thuot. Hier finden Störche, Kraniche und verschiedene Entenarten ideale Lebensbedingungen

MARCO POLO Highlights »Hue und die Mitte«

★ **Da Lat**
Die Stadt der Liebenden hat kolonialen Charme (Seite 50)

★ **Türme von Poklonggarai**
Vollendete Tempelbaukunst der Cham (Seite 52)

★ **Cham-Museum**
Zeugnisse einer alten Kultur in Da Nang (Seite 54)

★ **Marmorberge**
Geheimnisvolle Grotten und Pagoden – und ein prächtiger Rundblick vom Berg Thuy Son (Seite 56)

★ **My Son**
Versunkene Tempelstadt der Cham (Seite 56)

★ **Hoi An**
Malerische Straßenzeilen und der Charme des Mittelmeers (Seite 57)

★ **Zitadelle**
Glanz und Pracht von Vietnams einstigen Herrschern in Hue (Seite 62)

DA LAT

Der Bahnhof in Da Lat erinnert an die Kolonialzeit

Insider Tipp vor. Vom Muong-Dorf *Buon Juin* aus können Sie Elefantenritte unternehmen – ein besonderes Erlebnis für Reisende mit Kindern. Auch im Elefantendorf *Ban Don* **[121 E1]**, ca. 45 km nordwestlich von Buon Ma Thuot, können Sie Ausritte auf den Rüsseltieren buchen. Die Preise sind mit ca. 25–30 Euro pro Stunde allerdings nicht gerade niedrig (Info und Buchung: *Dak Lak Tourist* in Buon Ma Thuot). In Ban Don fangen Clans der Muong-Minderheit noch heute wilde Elefanten, die gezähmt und beim Holztransport eingesetzt werden.

DA LAT

[121 E2] ★ Vom Lieblingsort heimwehgeplagter Europäer zum Touristen-Hotspot und Reiseziel frisch vermählter Vietnamesen – so lässt sich die Entwicklung des heute 150 000 Einwohner zählenden Da Lat beschreiben. Letzteres mag daran liegen, dass für die jungen Vietnamesen die vielen Seen, Wasserfälle und Wälder den Inbegriff von Romantik darstellen. Wenn dann noch im Frühjahr, nach dem Tet-Fest, die Kirschbäume in üppigem Rosa blühen, ist das Erlebnis geradezu perfekt – obwohl hier häufig Regen fällt.

Ein gutes Jahrhundert ist vergangen, seit der Arzt Alexandre Yersin 1897 in dem 1475 m hoch gelegenen Ort ein Sanatorium gründete. Noch einmal 15 Jahre sollte es dauern, bis sich die ersten Europäer ansiedelten. Die koloniale Hautevolee logierte während der heißen Sommermonate im mondänen Palace Hotel. Jene, die es sich leisten konnten – so auch der letzte vietnamesische Kaiser Bao Dai –, ließen Villen in den Pinienwäldern oberhalb des Xuan-Huong-Sees bauen. Zu den beliebtesten Freizeitbeschäftigungen gehörte die Tiger- und Elefantenjagd in den damals noch dichten Wäldern der Umgebung.

SEHENSWERTES

Chua Thien Vuong – Chinesische Pagode

Die drei gelben Holzgebäude der chinesischen Pagode, errichtet 1958 von Chaozhou-Chinesen, stehen auf einem Hügel und sind von Pinienwald umgeben. Bemerkenswert sind drei ca. 4 m hohe Buddhastatuen, die Stiftung eines britischen Buddhisten aus Hong Kong. Sie sind aus vergoldetem Sandelholz gefertigt, ihr Gewicht beträgt jeweils rund 1400 kg. Dargestellt sind Thich Ca Buddha (Mitte), Quan The Am Bo Tat (rechts) und Dai The Chi Bo Tat (links). *Ca. 5 km südöstlich des Zentrums, erreichbar via Duong Khe San*

HUE UND DIE MITTE

Du-Sinh-Hügel
Gehen Sie die Duong Huyen Tran Cong Chua ungefähr 500 m in Richtung Südwesten, gelangen Sie auf den Du-Sinh-Hügel zur gleichnamigen katholischen Kirche, die 1955 von Flüchtlingen aus dem Norden errichtet wurde. Von hier aus haben Sie einen schönen Blick über die Stadt. *Duong Huyen Tran Cong Chua*

Xuan-Huong-Stausee
Vor allem während der Kirschblüte nach dem Tet-Fest im Januar wird die Stadt hier ihrem zweiten Etikett gerecht: Hauptstadt der Honeymooner. Auf dem See treiben Paare in schwanenförmigen Booten, und wer will, kann auch eine hübsche, romantisch dekorierte Pferdekutsche besteigen und den See umrunden, der von vielen kolonialen Villen gesäumt wird. Das Gewässer wurde 1919 angelegt.

MUSEUM

Sommerpalast
In der 1933 erbauten, gelbbraunen Villa mit etwa 25 Räumen wird an Bao Dai erinnert. Der letzte Kaiser regierte Vietnam von 1926 bis 1945. Zu sehen sind, neben vielen privaten Fotos, auch die kaiserlichen Wohnräume. *Tgl. 7–11, 13.30–16 Uhr, Eintritt 0,45 Euro, 2 Pho Le Hong Phong*

ESSEN & TRINKEN

Phuong Hoang
In diesem Minirestaurant gibt es köstliche vietnamesische Spezialitäten, z. B. mariniertes Fleisch, das am Tisch gegrillt wird. *81 Duong Phan Dinh Phung, kein Tel.,* €

Thuy Ta Restaurant
Das schicke Restaurant liegt erstklassig: auf Stelzen inmitten des Xuan-Huong-Sees. Vor allem an sonnigen Nachmittagen lässt sich der Blick genießen. *2 Duong Yersin, Tel. 063/82 23 94,* €€

ÜBERNACHTEN

Golf 3
Insider Tipp
Wer sich in den oberen Etagen des neuen siebenstöckigen Hauses einmietet, hat einen ausgezeichneten Blick über die Stadt. Im Keller befindet sich eine Disko. *78 Zi., 4 Duong Nguyen Thi Minh Khai, Tel. 063/82 60 42, Fax 83 03 96, golf3hot@cm.vnn.vn,* €€

Novotel Palace Da Lat
Ein Ausflug in die Gründerzeit – das 1907 entstandene Hotel gegenüber dem Sofitel wurde rundum liebevoll renoviert. *144 Zi., 7 Duong Tran Phu, Tel. 063/82 57 77, Fax 82 58 88,* €€€

Sofitel Palace Da Lat
Die Grandezza der 1920er-Jahre ist nach der Renovierung wieder lebendig – Luxus und Nostalgie sind hier vereint. Schön ist der Blick auf den Xuan-Huong-Stausee. *43 Zi., 12 Duong Tran Phu, Tel. 063/82 54 44, Fax 82 56 66,* €€€

FREIZEIT & SPORT

Da Lat Palace Golf Club
Der neue Platz ist eröffnet: 18 Loch und die herrliche Hügellandschaft ziehen sogar Turnierspieler aus aller Welt an. *Duong Phu Dong Thien Vuong, Kontakt: Vietnam Golf Resorts Co., Membership and Marketing Office, New World*

DA LAT

Hohe Schule der Cham-Architektur: die Türme von Poklonggarai

Hotel Saigon, Zimmer 310, 76 Duong Le Lai, Ho Chi Minh City, Tel. 08/824 36 40 oder 824 36 53, Fax 824 36 41, sales@vietnamgolfresorts.com

Fahrradtouren & Wanderungen
Da Lat lässt sich wunderbar per Fahrrad erkunden. Einige Hotels vermieten Räder – meist ohne Gangschaltung – für ca. 2,10 Euro. Auch Wanderungen können Sie unternehmen, z. B. zu den Pinienwäldern am *Prenn-Pass* [121 E2].

AUSKUNFT

Da Lat Tourism
35 Duong Tran Hung Dao, Tel. 063/82 13 51, Fax 82 26 61

ZIELE IN DER UMGEBUNG

Da-Thien-See [121 E2]
Der »Seufzersee« befindet sich 5 km nördlich der Stadt im »Tal der Liebe« inmitten einer Hügellandschaft. Was sich zunächst romantisch anhört, entpuppt sich als Vergnügungspark mit vielen Souvenirshops. Gut für Reisende mit Kindern: Hier gibt es Ponyreiten, kleine Kanutrips und Tretbootfahrten.

Türme von Poklonggarai [121 F3]
★ Stachelige Kakteen säumen die vier massigen Cham-Türme von Poklonggarai (Po Klaung Garai), die ca. 65 km südöstlich von Da Lat an der Nationalstraße 20 nach Phan Rang stehen. Der Besuch lohnt besonders im September/Oktober, wenn die Cham anlässlich ihres Neujahrsfestes auf dem Gelände traditionelle Lieder und Tänze aufführen. Der gute Zustand der Gebäude überrascht, wurde der Tempel doch zwischen dem 13. und dem 14. Jh. während der Regentschaft von König Simhavarman III. erbaut. Man betritt die Tempelanlage durch ein schön verziertes Tor, das in der Mitte der Umfassungsmauer platziert wurde. Im Innern des Tempelturms befindet sich ein Muchalingam, ein stilisierter Phallus, als Symbol Shivas.

HUE UND DIE MITTE

DA NANG

[119 E3] Auf der Strecke von Hue nach Da Nang tritt nach der Überwindung des Wolkenpasses (Deo Hai Van) ein spürbarer Klimawechsel ein. Wärmere und trockenere Luft begleitet die Abwärtsfahrt vom Bach-Ma-Berg (Berg des weißen Pferdes) zur malerischen Küste. Bald ist Da Nang erreicht, die rasch wachsende, rund 1,1 Mio. Einwohner zählende Hauptstadt der Provinz Quang Nam Da Nang. Wegen seiner günstigen Lage an der Mündung des Han-Flusses besaß Da Nang immer schon einen wichtigen Hafen. Hier landeten im 17. Jh. die Spanier und im 19. Jh. die Franzosen. Später besetzten die Amerikaner die Stadt und errichteten hier einen ihrer größten Luftwaffenstützpunkte in Südostasien.

Trotz der Zerstörungen des Krieges hat Da Nang auch eine schöne, von hohen alten Bäumen gesäumte Promenade, an der repräsentative Villen aus der französischen Kolonialzeit stehen. Sie erstrahlen heute zum Teil in neuem Glanz. Der China Beach ist bekannt für seine hohen Wellen – die amerikanischen Soldaten nutzten hier während des Vietnamkrieges die Zeit ihrer Kurzurlaube zum Surfen.

SEHENSWERTES

Cao-Dai-Tempel
Sehenswert ist auch Vietnams zweitgrößter Cao-Dai-Tempel. Der Zugang ist streng nach Geschlechtern getrennt – Frauen treten links, Männer rechts ins Heiligtum ein, Priester dürfen das mittlere Tor benutzen. Hinter dem Altar beobachtet das »göttliche Auge« aus einer riesigen Glaskugel die Betenden. *In Bahnhofsnähe an der Duong Hai Phong*

Kathedrale
Das 1923 für die Franzosen errichtete Gotteshaus mit seinen poppig-

Die Köpfe zählen!

Warum man auf Fotos keine ungerade Zahl von Personen zeigt

Die daoistisch begründete Furcht vor bösen Geistern ist allgegenwärtig, selbst im modernen Vietnam. So wird nie ein Foto gemacht, auf dem eine ungerade Zahl von Menschen zu sehen ist – sonst würde einer aus der Mitte von einem bösen Geist heimgesucht werden und sterben. Ähnliches gilt für den Hausbau: Ein Domizil darf nur eine gerade Zahl von Zimmern haben. Kleine Kinder dürfen nicht gelobt werden, sonst holt sie ein eifersüchtiger Geist. Früher gab man dem Nachwuchs zum Schutz sogar hässliche Rufnamen wie »Schwein«. Viele Fischer sprechen, selbst wenn ihnen ein Netz oder ein Teil des Fangs entgleitet, das Wort »verloren« nicht aus: Sie könnten sonst von Meeresgeistern in die Tiefe gezogen werden.

DA NANG

Sandsteinrelief aus der Sammlung des Cham-Museums in Da Nang

bunten Fenstern wird heute von den über 4000 Katholiken Da Nangs genutzt. *Nördlich des Cham-Museums in der Duong Tran Phu*

MUSEUM

Cham-Museum – Bao Tang Cham

★ Schon 1915 wurde es von den Franzosen gegründet, dieses kleine, aber feine Cham-Museum, das die beste Sammlung von Sandsteinarbeiten der Cham weltweit beherbergt. Mindestens zwei Stunden Zeit sollte man sich für die übersichtlich nach Fundorten und Kulturperioden gegliederte Schau nehmen. Was gibt es dort nicht alles zu sehen: den hinduistischen Sagenvogel Garuda, Darstellungen des elefantenköpfigen Gottes Ganesha sowie der Trinität Brahma, Vishnu und Shiva – und vieles mehr. Acht Jahrhunderte Hochkultur sind hier auf engstem Raum in faszinierender Weise zusammengefasst. *Tgl. 8–11, 13–17 Uhr, Eintritt 1,70 Euro, nahe der Kreuzung Duong Nu Vuong/ Duong Bach Dan*

ESSEN & TRINKEN

Christie's

🏃 Die Küchen der Welt sind hier zu Hause: Auf hungrige Reisende warten westliche Snacks, Sushi und Sashimi, vietnamesische Pho-Suppen – alles wohlschmeckend und preisgünstig. Hier informieren sich viele Rucksacktouristen aus westlichen Tageszeitungen und dem Satellitenfernsehen über die Ereignisse in der Heimat. *112 Duong Tran Phu, Tel. 0511/82 40 40,* €

HUE UND DIE MITTE

ÜBERNACHTEN

Dai A Hotel
Ein sauberes, relativ neues Hotel. *22 Zi., 27 Duong Yen Bai, Tel. 0511/82 75 32, Fax 82 57 60, daiahotel@dng.vnn.vn, €–€€*

Saigontourane
Ein Haus, das von außen einen etwas nüchternen Eindruck macht. Doch keine Sorge: Die großen Zimmer sind sehr gepflegt und mit Minibar, Satellitenfernsehen und anderen Luxusgegenständen ausgestattet. *82 Zi., 5 Duong Dong Da, Tel. 0511/82 10 21, Fax 82 52 85, sgtouran@dng.vnn.vn, €€–€€€*

The Furama Resort
1997 Vorreiter im Luxustourismus, bekommt das Prachthotel heute immer mehr Konkurrenz. Dennoch: Die von der kaiserlichen Architektur Hues inspirierte Anlage mit ihren liebevoll angelegten Gärten, Lagunen und erstklassigen Sportanlagen gehört zu den besten Häusern Vietnams. Hier wird auch Deutsch gesprochen. *200 Zi., 68 Duong Ho Xuan, Bac My An, Tel. 0511/84 78 88, Fax 84 72 20, €€€*

STRÄNDE

Der *China Beach* erstreckt sich vom Son-Tra-Berg (Affenberg) rund 30 km nach Süden. Er ist bei Touristen sehr beliebt – allerdings auch bei Kindern, die Souvenirs verkaufen. Achtung: Manchmal gibt es gefährliche Strömungen!

Vorzuziehen ist der idyllische *Canh Duong Beach* nahe Lang Co ca. 20 km nördlich der Stadt. Er ist rund 8 km lang und gilt neben dem Mui Ne in Phan Thiet als einer der schönsten Strände Vietnams.

Insider Tipp

AUSKUNFT

An Phu Tourist
147 Duong Le Loi, Tel. 0511/81 83 66, Fax 86 40 11

Nördlich von Da Nang, bei Lang Co, liegen wunderbare Badestrände

DA NANG

ZIELE IN DER UMGEBUNG

Marmorberge [119 E3]

★ Gut 8 km südlich von Da Nang ragen, aus einer Ebene nahe dem China Beach, fünf Berge bis zu 100 m steil auf. Sie sind nach den fünf grundlegenden Elementen der chinesischen Philosophie benannt: Thuy (Wasser), Tho (Erde), Kim (Metall), Moc (Holz) und Moa (Feuer). Einer Legende zufolge sollen sie Eier eines riesigen Drachens sein. Der bekannteste Berg ist der ☆ *Thuy Son,* der Wasserberg, von dessen Gipfel Sie am Aussichtspunkt Vong Giac Dai einen phantastischen Blick über den Strand, das Meer und die anderen Berge genießen können. Im Zuge eines einstündigen Rundgangs lernt man die einst von den Cham genutzten Grotten kennen (Taschenlampe und Mückenspray mitnehmen!). Beeindruckend sind die *Tam-Tai-Pagode* und die rund 30 m hohe Grotte *Huyen Khong,* in deren Innerem zahllose Räucherstäbchen an der Statue des Thich Ca (Buddha der Gegenwart) brennen. Es entsteht ein stiller und zugleich feierlicher Zauber, wenn einige Sonnenstrahlen golden durch das Höhlendach hindurchscheinen, die Betenden sich andächtig vor dem Buddha verneigen und der blumige Duft der Räucherstäbchen die Sinne benebelt. Von *Tang Chon,* der letzten Höhle, führt der Weg hinab zur *Linh-Ung-Pagode* und ins Dorf *Quang Nam*. Dort hört man sofort, womit sich ein großer Teil der Bevölkerung beschäftigt: mit dem Meißeln von Marmor und anderen Steinen, um Figuren und Souvenirs in allen Größen und Formen herzustellen – häufig übertouerter Kitsch.

My Son [119 D3]

★ Die Anreise ist mühsam und nur wirklich Kulturinteressierten anzuraten. Denn My Son mag für nicht

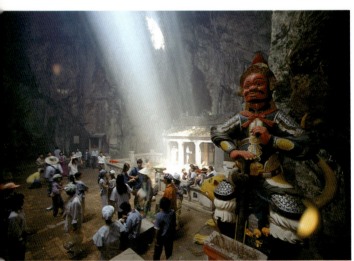

Buddhistische Wächterfigur der Grotte Huyen Khong

HUE UND DIE MITTE

wenige Urlauber nur eine Ansammlung von 20 vergessenen Ruinen sein – Türme, Mauern und Tempel, die zudem extrem unter dem Krieg gelitten haben, genauer: unter der von den Amerikanern während des Vietnamkriegs verfolgten »Politik der verbrannten Erde«. Nachdem Vietcong das Tal als vermeintlich sicheres Versteck entdeckt hatten, erklärte die US-Armeeführung die Region zur freien Feuerzone. Nur ein Bruchteil der ursprünglich 70 Sakralbauten blieb bei den Flächenbombardements unbeschädigt. Wer aber die Kultur des Champa-Reichs vertiefend studieren möchte, kommt an My Son nicht vorbei.

32 km südlich von Da Nang zweigt ein Sträßchen nach *Nong Son* ab, und spätestens hinter *Tra Trieu* werden die Straßen immer schlechter. Der Weg in das noch 25 km westlich gelegene My Son führt durch unzählige Schlaglöcher. Sie müssen langsam fahren, doch so können Sie auch ein bisschen die Atmosphäre einfangen.

Urplötzlich ragen aus dem dichten Grün des Dschungels die bemoosten, von Farnen umrankten rostroten Tempeltürme – und wenn sich gar ein leichter Morgendunst über die »versunkene Stadt« legt, dann wirken die Ruinen richtig geheimnisvoll.

Nicht zu Unrecht hat die Unesco, die Kulturorganisation der Vereinten Nationen, die Tempelstadt 1998 unter den Schutz des Welterbes gestellt. Zwischen dem 4. und 13. Jh. war My Son das bedeutende religiöse und kulturelle Zentrum der Cham. Die Gründung des dem Gott Shiva geweihten Heiligtums wird dem Champa-König Bhadravarman zugeschrieben. Im 4. Jh. hatte er seinen Herrschersitz nahe dem heutigen Tra Trieu. Seit dem 7. Jh. wurden die ersten, aus Holz errichteten Sakralbauten durch Ziegelbauten ersetzt – auf durchdachte Weise: Die Steine wurden in Öfen vor Ort gebrannt. Beim Bau wurde weder Mörtel noch Kalk verwendet – das Harz des Cau-Day-Baumes hielt die Mauern zusammen.

Die 70 Cham-Tempel unterhalb des My Son (Schöner Berg) sind in vier Gruppen eingeteilt: Gruppe A zeigt Steinreliefs, Gruppe B ein prächtiges Tor, das sich zum Heiligtum öffnet. In Gruppe C weisen die Ziegelwände überwiegend Cham-Motive auf, und Gruppe D ist ein Ensemble aus sechs Gebäuden und dem »Stelenhof« mit Opfertafeln. Achtung: Da bis heute unzählige Landminen in der Erde um My Son verborgen sind, sollten Sie unter keinen Umständen die ausgewiesenen Pfade verlassen!

HOI AN

[119 E3] ★ Welch ein Juwel, denkt man sich gleich auf den ersten Blick: Mittelmeercharme und Exotik des Fernen Ostens sind hier auf einzigartige Weise verbunden. Beim Gang durch die malerischen, verträumten Gassen fällt es schwer, sich vorzustellen, dass Hoi An vor 300 Jahren eine der bedeutendsten Hafenstädte in Südostasien war, eine Gründung der Cham, die von den Nguyen-Herrschern noch ausgebaut wurde. Durch den Bau immer größerer Schiffstypen, die einen Zwischenstopp in kleineren Häfen nicht mehr nötig machten, geriet Hoi An Anfang des 19. Jhs. ins Abseits.

Hoi An

Farbenprächtige chinesische Versammlungshalle in Hoi An

Erst Anfang der 1990er-Jahre erwachte die Stadt dank dem internationalen Tourismus. Allerdings sind die Folgen der rasanten Entwicklung sichtbar: Urige Kramläden, in denen früher landestypische Waren verkauft wurden, gibt es kaum noch. Immer mehr auswärtige Geschäftsleute lassen sich in Hoi An nieder und verwandeln die Stadt in eine Ansammlung von Souvenirshops, Restaurants und kleinen Hotels. Gleichzeitig steigt das Preisniveau, worunter vor allem die Einheimischen leiden.

Wie schön, dass sich Hoi An wenigstens den Ruf der vietnamesischen »Schneiderstadt« bewahren konnte. In der Tat können Sie hier morgens um 9 Uhr Maß nehmen lassen und abends in einem wundervoll geschnittenen Seidenanzug oder Abendkleid ausgehen.

SEHENSWERTES

Altstadt

Besucher können durch die verkehrsberuhigte Altstadt schlendern, die sich zwischen Duong Bach Dang und Phan Cu Trinh erstreckt. Man kann sich von den alten Handelshäusern, den chinesischen Versammlungshallen, den Pagoden und Geschäftshäusern inspirieren lassen. Weit mehr als 800 Gebäude sind historisch bedeutend – die Unesco stufte die Innenstadt 1999 als Welterbe ein. Für den Besuch vieler der historischen Gebäude benötigt man ein Ticket. Sammelkarten für 5,50 Euro gelten für fünf Eintritte.

Besonders schön ist die Stadt zur Zeit der »Altstadt bei Nacht« *(ancient town by night):* An jedem 14. Tag des Mondkalenders – d. h. am Vorabend des Vollmonds – wird Hoi An zu einer von Lampions beleuchteten Fußgängerzone, in der traditionelle Spiele und Musikvorführungen aller Art stattfinden.

Von besonderer Exotik sind die Häuser der chinesischen Landsmannschaften. In der Phu-Kien-Pagode im Haus der Fujian-Chinesen huldigt man der »Himmelskaiserin« Thien Hau, die über Wohl und We-

HUE UND DIE MITTE

he der Seeleute wacht. Bemerkenswert sind auch die kunstvollen Schnitzereien im 1776 gebauten Haus der Chaozhou-Chinesen.

Baumwollmanufakturen

Überall in der Stadt klapperten noch vor nicht langer Zeit prächtige alte Webstühle – es wurden pro Jahr mehr als 2 Mio. m Baumwollstoffe produziert. Viele Webereien mussten den Souvenirshops weichen, nur wenige haben überlebt. Vom Baumwollfaden bis zum fertigen Stoff sind alle Arbeitsschritte in der produzierenden Manufaktur erlebbar, hier werden Baumwollfäden aus China zu feinem Stoff weiterverarbeitet. *140 und 151 Duong Tran Phu sowie 86 Duong Nguyen Duy Hieu*

Handelshäuser

Die meisten Kaufmannshäuser der Stadt stammen aus dem frühen 19. Jh. Sie dienen noch heute der Ahnenverehrung, dem Geschäft und dem Familienleben. Zu den schönsten Handelshäusern gehört das *Quang-Thang-Haus (77 Duong Tran Phu)* mit einem auffallenden grünen Ziegeldach. Das *Phung-Hung-Haus (4 Duong Nguyen Thi Minh Khai)* hat kunstvolle Fensterläden und einen frei hängenden Ahnenaltar. Seit mehr als 200 Jahren bewohnt ein einziger Clan das mit filigranen Schnitzereien ausgestattete *Tan-Ky-Haus (101 Duong Nguyen Thai Hoc)*. Sehenswert ist auch die *Andachtsstätte der Tran-Familie (21 Duong Phan Chu Trinh)* mit kostbaren Elfenbeinschnitzereien. Das *Diep-Dong-Nguyen-Haus (80 Duong Nguyen Thai Hoc)* diente einst als Handelskontor für chinesische Medizin und Heilkräuter.

Japanische Brücke

Japaner und Chinesen errichteten in Hoi An getrennte Wohnviertel. Die Grenze zwischen den Gebieten stellt die 18 m lange Japanische Brücke dar. Mit dem Bau begonnen wurde 1593, im Jahr des Affen, wie die beiden Affen an der japanischen Seite der Brücke anzeigen. Zwei Jahre später, im Jahr des Hundes, war das hölzerne Bauwerk mit seinem Dach aus grünen und gelben Ziegel fertig, wie sich an den beiden steinernen Hunden auf der chinesischen Seite erkennen lässt.

ESSEN & TRINKEN

Entlang der *Duong Nguyen Hue, Duong Tran Phu* und *Duong Bach Dang* am Fluss befinden sich viele kleine Restaurants und Bars, in denen man gemütlich essen oder auch nur etwas trinken kann. Probieren Sie *cao lau*, eine delikate Suppe mit Nudeln, Schweinefleisch und grünem Gemüse. Weil zu ihrer Zubereitung Wasser aus Hoi Ans uralter Quelle verwendet wird, ist sie nach diesem Rezept ausschließlich in Hoi An erhältlich.

Insider Tipp

Brother's Cafe Hoi An

Insider Tipp

Die Filiale des Hanoier Restaurants liegt idyllisch direkt am Thu Bon River an einer ruhigen Straße. In der Kolonialvilla mit schönem Tropengarten, luftigem Holzinterieur und offenem Dachstuhl wird sehr gute vietnamesische Küche serviert. Erlesen ist auch das Angebot aus dem Weinkeller. *27 Duong Phan Boi Chau, Tel. 0510/91 41 50, €€*

Café des Amis

Insider Tipp

Auch wenn es von außen auf den ersten Blick nicht so aussehen mag:

HOI AN

Hier befindet sich eines der ganz guten Restaurants Vietnams. Es gibt keine Speisekarte, sondern »Überraschungsmenüs« (wahlweise Fisch oder vegetarisch). Kenner ordern bei Küchenchef Kim für den nächsten Tag ein Wunschmenü nach Marktlage (z. B. Languste oder Taschenkrebs). *52 Duong Bach Dang, Tel. 0510/86 13 60, €€*

EINKAUFEN

Hoi An ist bekannt für maßgeschneiderte Kleidung und für Seide, die großteils aus China stammt. Der Meter reine Naturseide kostet bei 0,9 m Breite ca. 9,25 Euro. Tipp für den Check: Echte Seide brennt und riecht nach verbrannten Haaren, während Synthetik schmilzt.

Ly
Sehr gelobt werden die Hemden aus japanischer Seide (für ca. 10 Euro) von Ly. *Hoi An Market, Stand Nr. 9 A*

Thoi Tran
Ein empfehlenswerter Schneider. Er ist zwar etwas teurer als die anderen, näht aber außerordentlich zuverlässig und verwendet gute Stoffqualitäten. Einige Richtwerte für Preise: Hose ca. 12 Euro, Anzug ab 20 Euro, Bluse 6–8 Euro. *4 Duong Tran Phu*

ÜBERNACHTEN

Hoi An Riverside Resort
Hübsche Bungalowanlage des Modedesigners Khai (Khaisilk) am Fluss, 1 km vom Cua-Dai-Strand entfernt. Ein Privatstrand ist in Planung. *60 Zi., Duong Cua Dai, Tel. 0510/ 86 48 00, Fax 86 49 00, www.hoi anriverresort.com, €€ – €€€*

Victoria Hoi An Resort
Schöne Bungalowanlage im Stil des alten Hoi An. Die Mehrzahl der 100 Zimmer und Suiten liegt zum Meer hin, die übrigen zum Fluss. Privatstrand, Pool, Tennis, Fitnesscenter, Wassersport. *Hoi An Beach, Tel. 0510/92 70 40, Fax 927 04, www. victoriahotels-asia.com, €€€*

FREIZEIT & SPORT

Boots- & Fahrradtouren
Auf ca. einstündigen Paddelboottouren (ca. 2,20 Euro) auf dem Thu Bon, dem größten Fluss der Provinz, können Sie die Handwerker- und Fischerdörfer in der Umgebung erkunden. Das relativ flache Terrain ist auch gut für Fahrradtrips geeignet (Radmiete ca. 1,10 Euro/Std.).

Die MARCO POLO Bitte

Marco Polo war der erste Weltreisende. Er reiste in friedlicher Absicht, verband Ost und West. Er wollte die Welt entdecken, fremde Kulturen kennen lernen, nicht zerstören. Könnte er heute für uns Reisende nicht Vorbild sein? Aufgeschlossen und friedlich sollte unsere Haltung auf Reisen sein. Dazu gehören auch Respekt vor Mensch und Tier und die Bewahrung der Umwelt.

HUE UND DIE MITTE

Strände
Der feinsandige *Cua Dai* ist eine Art Verlängerung des China Beach in Richtung Süden und nur 5 km von Hoi An entfernt. *Duong Cua Dai (Verlängerung der Duong Tran Hung Dao)*

AM ABEND

Für einen Abendbummel empfiehlt sich die Flanierzeile *Duong Bach Dang* am Fluss.

Champa Bar
Eine bei Einheimischen wie Touristen sehr beliebte Bar. *75–77 Nguyen Thai Hoc, Tel. 0510/ 86 29 74, tgl. ca. 11–23 Uhr*

Tam Tam
🏃 Bei Rucksackreisenden aus aller Welt sehr angesagt. Kein Wunder: 1000 CDs liegen zur Beschallung bereit, es gibt gute Mojitos, vom gemütlichen Balkon aus kann man auf die quirlige Straße schauen. *110 Duong Nguyen Thai Hoc, Tel. 0510/86 22 12, tamtam.ha@dng. vnn.vn, tgl. 10–1 Uhr*

AUSKUNFT

Sinh Café
Landesweiter Open-Tour-Anbieter. *37 Duong Phan Chu Trinh, Tel. 0510/86 39 48, quanghuy.ha@dng. vnn.vn*

ZIELE IN DER UMGEBUNG

Lohnend ist eine Tour auf dem Highway 1 in Richtung Süden, denn es gilt, neben schönen Stränden auch unberührte Buchten und einige Zeugnisse aus der Vergangenheit zu entdecken: Cham-Türme, Überbleibsel der hinduistischen Tempel. Ein solches Ziegelsteinbauwerk steht z. B. bei *Bang An* **[119 E3]**, 10 km westlich von Hoi An. Auf dem Weg dorthin kann man auch in *Thanh Ha* vorbeischauen, einem Töpferdorf. Nur noch wenige Töpfereien bieten hier Waren feil, die von zumeist guter Qualität sind. Auch nördlich von *Tam Ky* **[119 E4]** haben sich drei Cham-Türme erhalten.

Fähren (tgl. 7 Uhr) verbinden das Festland mit der 20 km entfernt gelegenen Insel *Cham* **[119 E3]**, berühmt für ihre Schwalbennester, die nach China exportiert werden – und beliebt bei Tauchern. Zu sehen gibt es eine Vielfalt an tropischen Fischen, die Sichtweiten liegen während der Trockenzeiten bei bis zu 30 m. Übernachten können Sie in dem kleinen Fischerdorf *Tan Hiep* in Privatunterkünften. Cham lässt sich aber auch im Rahmen einer Tagestour entdecken.

HUE

[119 D3] Das rund 286 000 Einwohner zählende Hue strahlt trotz aller auch heute noch sichtbaren Wunden des Vietnamkriegs die Ruhe und Gelassenheit einer traditionsreichen Stadt aus, die viele Herrscher hat kommen und gehen sehen. Kein Wunder, bedeutet ihr Name doch »Harmonie«. Von 1802 bis 1945 war Hue die ehrwürdige Hauptstadt der letzten Kaiserdynastie, der Nguyen. Da die Stadt auf halbem Weg zwischen Hanoi und Saigon liegt, entwickelte sie sich zum Drehkreuz von Zentralvietnam. Vor allem die idyllische Lage beiderseits des von sanften Hügeln

HUE

flankierten, träge dahinfließenden Song-Huong-Flusses trägt zu ihrem Flair bei. Über den Ursprung des poetischen Namens »Parfümfluss« kursieren verschiedene Theorien. Eine Version verweist auf die wohlriechenden Edelhölzer, die auf dem Wasser transportiert wurden, eine andere auf die im Frühjahr auf dem Fluss treibenden Blüten.

Zeugen der Vergangenheit sind die Zitadelle mit der Kaiserstadt und dem Kaiserpalast, die Thien-Mu-Pagode und die einige Kilometer südlich der Stadt gelegenen Kaisergräber. Auch seine traditionelle Bedeutung als Beamten- und Gelehrtenstadt hat Hue bewahren können, beherbergt es doch bis heute einige der bedeutendsten Hochschulen des Landes. Nicht zuletzt prägen die freundlichen und weltoffenen Einwohner Hues die besondere Atmosphäre der Stadt. Das harmonische Nebeneinander von Vergangenheit und Moderne, Aufbruch und Verharren, ländlicher und städtischer Kultur macht den Charme von Hue aus.

SEHENSWERTES

Zitadelle

★ Am linken Ufer des Song-Huong-Flusses liegt die Zitadelle aus dem 17. Jh., die als Welterbe unter den Schutz der Unesco gestellt wurde. Sie ist umgeben von einer über 10 km langen Mauer auf einem 6 m hohen Erdwall. Die Umfassungsmauer war bis zu 20 m dick. Die Zitadelle war einst ein Staat in der Stadt, mit Tempeln, Beamtenwohnungen, Ziergärten, breiten und schattigen Straßen. Alles war streng nach den Regeln der Geomantik und im Einklang mit den Erfordernissen der Astrologie angelegt, sodass die Lebensenergien nirgends gehemmt wurden und der harmonische Gleichklang mit der Natur gefunden werden konnte.

Bei der Gliederung orientierten sich die Nguyen-Herrscher am Grundriss von Peking. Schachtelartig umschließen sich die drei Stadtanlagen: außen die Zitadelle für die Beamten, dann die Kaiserstadt. Prächtigster Teil ist der alte Kaiser-

Ein Bild wie aus alter Zeit: Fischerin auf dem Song-Huong-Fluss bei Hue

HUE UND DIE MITTE

palast, die so genannte »Verbotene Stadt«, in der Bibliothek, private Empfangsräume und Tempelhallen zu besichtigen sind.

Über die *Phu-Xuan-Brücke* erreicht man den 1809 erbauten, 37 m hohen *Flaggenturm,* auf dem an Festtagen die gelbe Flagge der »Himmlischen Dynastie« flatterte. Das wuchtige *Ngo-Mon-Tor* (Mittagstor) ist das Haupttor zur Kaiserstadt. Früher durfte nur der Kaiser diesen Eingang benutzen. Oben auf diesem Tor befindet sich der *Ngu Phung,* der so genannte »Fünf-Phönix-Pavillon« mit seinen neun Ziegeldächern – hier erschien der Kaiser zur Bekanntgabe wichtiger Angelegenheiten. Ebenfalls an diesem Ort verkündete 1945 der letzte Nguyen-Herrscher seinen Rücktritt. *Tgl. 6–18 Uhr, Eintritt 4 Euro*

Über einen Hof und die »Brücke des Goldenen Wassers« *(Trung Dao)* gelangt man in den Thronsaal *Dien Thai Hoa,* die »Halle der höchsten Harmonie«, die in den Herrscherfarben Rot und Gold ausgekleidet ist. In der Mitte der Halle saß der Kaiser auf einem prächtig geschnitzten, vergoldeten Thron. Auf dem »Hof der Feierlichkeiten«, der von neun Stelen unterteilt wird, hatten die aufwartenden Mandarine zu stehen, entsprechend ihrer Ränge, und unterteilt in zivile Beamte (rechts) und militärische hohe Beamte (links).

Durch die »Goldene Pforte« *(Dai Cung Mon)* gelangt man in den »Palast der Gesetze des Himmels« mit dem dahinter liegenden, eigentlichen kaiserlichen Palast. Rechts und links davon bereiteten sich die Beamten in den »Hallen der Mandarine« auf die Audienz beim Kaiser vor. Wendet man sich nach links, dann steht man vor dem privaten Bereich des Herrschers. Hier bewachten einst Eunuchen den kaiserlichen Harem. Von Kaiser Minh Mang wird berichtet, dass sich mehr als 300 Frauen in seinem Besitz befunden haben sollen.

Verlassen Sie die Kaiserstadt über das Osttor *(Hien Nhan Mon),* sollten Sie den Museumskomplex ansteuern. Außerhalb, unweit der südöstlichen Ecke der Mauer, wurde im ehemaligen Long-An-Palast das sehenswerte *Palastmuseum* eingerichtet *(3 Le Truc, tgl. 7 bis 16.30 Uhr, Eintritt 2 Euro).* Es birgt Möbel, Kleidung, Porzellan und Dekorationsgegenstände aus dem Palast. Das wohlproportionierte Holzbauwerk hat einen Rahmen aus dicken Balken des sehr harten Eisenholzes. Viele Schnitzereien, darunter 35 Gedichte und Prosatexte, zieren Balken und Fenster.

ESSEN & TRINKEN

An Phu
Hier werden feine, scharf gewürzte Spezialitäten aus Hue kredenzt, wie z. B. *banh beo,* eine nicht frittierte Reisteigrolle mit vielen Zutaten und Fischsoße, *bun thit nuong,* Nudeln mit Schweinefleisch und Erdnüssen oder *banh khoai,* Reiskuchen mit Garnelen, Sojasprossen und Erdnuss-Sesam-Soße – wie es zu Kaiserzeiten üblich war, in kleinen Portionen. *35 Duong Nguyen Thai Hoc, Tel. 054/82 52 59, €–€€*

Lac Tanh/Lac Thien
Die Restaurants gehören einem Familienclan und liegen direkt nebeneinander. Empfehlenswert sind *banh khoai* (Pfannkuchen), *nem* (Frühlingsrollen) oder auch *bun thit nuong*

Hue

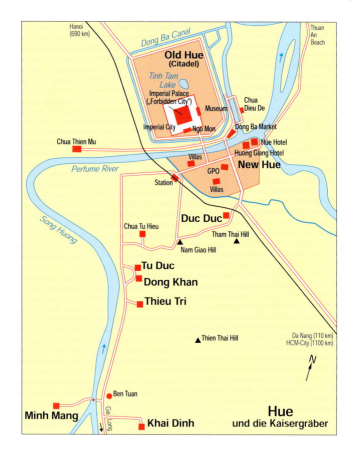

Hue und die Kaisergräber

(Nudeln mit gebratenem Fleisch). *6 Duong Dinh Tien Hoang, Tel. 054/ 52 46 74,* €

Omar's (Khayyam Restaurant)
Authentische indische Gerichte, z. B. Tandoori-Huhn oder vegetarische Currys. *10 Duong Nguyen Tri Phuong, Tel. 054/82 16 16,* €

**Song Huong
Floating Restaurant**
Bei Einheimischen und Touristen sehr beliebtes Lokal auf einem Boot am Ufer des Parfümflusses. Empfehlenswert sind die Frühlingsrollen und Shrimps-Spezialitäten. *Am Flussufer nördlich der Trang-Tien-Brücke, Tel. 054/82 37 38,* €

EINKAUFEN

Eine gute Adresse für Fans der vietnamesischen Reisstrohhüte ist der *Dong-Ba-Markt* südöstlich der Zitadelle am linken Flussufer – hier soll es die schönsten und besten Exemplare ganz Vietnams geben.

HUE UND DIE MITTE

Am gegenüberliegenden Ufer befinden sich verschiedene Märkte (Obst, Gemüse, Kaffee) in der *Phan Boi Chau,* in der *Nguyen Con Tru (Ecke Ba Trieu)* und in der *Huong Vuong* nahe dem Busbahnhof.

ÜBERNACHTEN

Binh Duong
Insider Tipp

Kleiner Preis, große Leistung: Gepflegte, helle und freundlich gestaltete Zimmer erfreuen die Gäste. Sollte das Haus ausgebucht sein: Es gibt in der Ngo Gia Tu Nr. 10 ein Schwesterhotel, das *Binh Duong 2. 23 Zi., 10/4 Duong Nguyen Tri Phuong, Tel. 054/83 32 98, kein Fax, binhduong1@dng.vnn.vn, €*

Grand Hotel Saigon Morin

Eine Bleibe für Genießer – mit kolonialem Touch, der erst vor einigen Jahren liebevoll aufgefrischt wurde. Im idyllischen Innenhof können Sie wunderbar frühstücken – oder Sie wählen hierfür den ❄ Dachgarten im dritten Stock mit Café und prächtigem Ausblick auf den Parfümfluss. Die Zimmer sind sehr geräumig und hübsch eingerichtet. *127 Zi., 30 Duong Le Loi, Tel. 054/82 58 70, Fax 82 51 66, www.morinhotel.com.vn, €€–€€€*

Vida

Wer bucht, sollte unbedingt nach den Zimmern im Neubau fragen – sie sind sehr hübsch eingerichtet, sauber und haben allesamt Balkon. Die Domizile im alten Teil des Hauses, das direkt am Fluss liegt, sind zwar ein wenig preisgünstiger, jedoch auch recht spartanisch eingerichtet. *43 Zi., 32 Duong Thuan An, Tel. 054/82 61 45, Fax 82 61 47, vidahac@dng.vnn.vn, €–€€*

STRÄNDE

Empfehlenswert ist der *Thuan-An-Strand,* der etwa 13 km nordöstlich an einer schönen Lagune liegt.

AM ABEND

Apocalypse Now

Für alle, die es laut und szenig lieben. Filiale der Disko in Hanoi, leider auch Prostituiertentreff. *7 Duong Nguyen Tri Phuong, Tel. 054/82 01 52*

DMZ Bar

🏃 Beliebt bei Rucksackreisenden wie bei Ausländern, die in Vietnam leben. *44 Duong Le Loi, Tel. 054/82 34 14, tgl. ca. 11–23 Uhr*

AUSKUNFT

Hue City Tourism

Duong Le Loi 18, Tel. 054/82 35 77, Fax 82 58 14

ZIELE IN DER UMGEBUNG

Bach-Ma-Nationalpark [119 D–E3]
Insider Tipp

In dem 40 km südöstlich von Hue gelegenen, erst seit wenigen Jahren für die Öffentlichkeit zugänglichen Regenwald-Nationalpark wurde eine für ausgestorben erachtete Antilopenart, die Waldoryxantilope (Sao La), neu entdeckt. Der Park liegt 28 km westlich von Lang Co, Abzweiger vom Highway 1 bei Cau Hai (3 km, bis zum 1444 m hohen ❄ Gipfel 16 km, wunderbarer Blick bis zum Meer). Im Park darf man sich nur zu Fuß oder per Mietwagen bewegen (Eintritt 1 Euro). Infos zur Übernachtung in drei einfachen Guesthouses (€): *Tel.*

HUE

054/87 13 30, Fax 87 13 29 oder 871 32 99, www.bachma.vnn.vn

Chua Thien Mu [119 D3]
Um die »Pagode der Himmelsmutter«, ca. 5 km westlich der Stadt am Nordufer des Parfümflusses gelegen, rankt sich eine Legende: 1601 soll dort dem Begründer der Nguyen-Dynastie, Nguyen Hoang, die Gestalt einer alten Frau auf dem kleinen Hügel erschienen sein, die dort in einem langen roten Kleid und grünen Hosen saß. Die Frau behauptete, dass dieser Ort einer Gottheit gehöre, und verlangte, dass hier eine Pagode gebaut werden müsse. Nguyen Hoang folgte dem Befehl – und das Land und die Nguyen-Familien prosperierten viele Hundert Jahre lang. 1844 kam im Auftrag von Kaiser Thieu Tri der achteckige, 21 m hohe *Phuoc-Duyen-Turm* dazu. Auf insgesamt sieben Etagen sind Buddhastatuen verteilt, Abbilder von menschlichen Erscheinungen des Erleuchteten. Der Turm ist heute das Wahrzeichen von Hue. In Thien Mu praktizierte auch der Mönch Thich Quang Duc, der 1963 für Aufsehen sorgte. Mit einem hellblauen Chevrolet, der heute in einem rückwärtigen Gebäude der Pagode zu sehen ist, fuhr er nach Saigon und verbrannte sich dort vor den Augen der Weltpresse aus Protest gegen die Gräuel des Diem-Regimes.

Entmilitarisierte Zone [118 C2–119 D2]
Am Ben-Hai-Fluss, ca. 22 km nördlich der Stadt Dong Ha, verlief von 1954 bis 1971 die Grenze zwischen dem sozialistischen Nordvietnam und der Republik Südvietnam. Den einige Kilometer breiten Streifen am 17. Breitengrad hatten die Weltmächte auf der Genfer Konferenz zur Entmilitarisierten Zone erklärt, in der weder Truppen aus dem Norden noch aus dem Süden stationiert sein durften. Da hier noch zahlreiche Minen im Erdreich liegen, ist von Spaziergängen dringend abzuraten. Fährt man auf dem Highway 1 in Richtung Norden über die *Hien-Luong-Brücke* und überquert damit den Ben-Hai-Fluss, zweigt nach 7 km ein Sträßchen in Richtung *Vinh Moc* [119 D2] ab. Hier ist ein ca. 3 km langes Tunnelsystem der Widerstandskämpfer zu besichtigen (Eintritt 2 Euro). In den bis zu 27 m unter der Erdoberfläche gelegenen, mit bloßen Händen gegrabenen Röhren verbargen sich auch die Einwohner von Vinh Moc zum Schutz vor dem amerikanischen Bombenhagel. Über diese Zeit berichtet eine Ausstellung in einem kleinen *Museum (tgl. 9 bis 17 Uhr)*.

Kaisergräber [119 D3]
Die sechs Kaisergräber der Nguyen-Dynastie befinden sich zwischen 7 und 14 km südlich von Hue. Sie sind Ziel zahlreicher organisierter Touren; zu empfehlen ist jedoch eher die selbst organisierte Anreise im gemieteten Boot über den Parfümfluss (ca. 8 Euro), eventuell in Kombination mit einem Taxi. Da die Gräber weit voneinander entfernt liegen, empfiehlt sich auch eine private Bootsfahrt mit geliehenem Fahrrad im Gepäck. Zwar sind die Räder (ca. 1 Euro pro Std., zu leihen über die Tourist-Information) technisch veraltet und schwergängig, für die Fahrt zu den Gräbern tun sie jedoch ihre Dienste. Prüfen Sie unbedingt die Bremsen gut! Da

HUE UND DIE MITTE

es an den Gräbern recht voll werden kann, ist der frühe Morgen oder frühe Abend die günstigste Zeit für einen Besuch.

Die Grabstätten sind einander recht ähnlich aufgebaut, meist sind sie von einer Ringmauer umgeben und von einem Ehrenhof mit Geisterallee oder Wächterfiguren gesäumt. In einem Stelenpavillon findet sich eine Marmortafel, auf der die guten Taten des Verstorbenen verzeichnet sind. Hinter dem Pavillon stehen der Tempel zur Verehrung der Kaiserfamilie und das eigentliche Mausoleum.

Kaiser *Tu Duc* ließ sein Grabmal 1848, als er noch auf dem Thron saß, von 3000 Zwangsarbeitern bauen. Die Grabstätte liegt 7 km von der Stadt entfernt und ist von einer Steinmauer umgeben. Hier befinden sich eine Anzahl von Gebäuden und, überspannt von verschiedenen Brücken und umgeben von Mandelbäumen, künstlich angelegte Teiche voller Seerosen und Lotusblumen. Tu Ducs Grabanlage zählt zu den romantischen und prachtvollen Meisterwerken der Grabmalbaukunst. Zu Lebzeiten weilte der Kaiser häufig an seiner späteren Grabstätte, um sich der Poesie, dem Schachspiel oder dem Angeln hinzugeben und sich zu entspannen.

Dort, wo sich die beiden Flüsse Ta Trach und Huu Trach zum Parfümfluss vereinigen, liegt ca. 12 km von Hue entfernt die prächtige Grabstätte von Kaiser *Minh Mang*. Mit dem Bau wurde 1841 nach dem Tod Minh Mangs begonnen. Der Palast, der Pavillon und die drei prächtigen Eingangstore sind in einem Park harmonisch um die zwei großen Seen herum gebaut, die den Eindruck einer großzügigen und friedvollen Atmosphäre noch verstärken.

Das Grabmal des Kaisers *Khai Dinh* wurde auf dem Berg Chau erbaut. Die Bauarbeiten dauerten von 1920 bis 1931. Die Kombination asiatischer und europäischer Bau- und Schmuckelemente zeugt vom besonderen Interesse des Kaisers an der europäischen Kultur. Die vielfarbigen Keramikmosaike im Inneren des Tempels geben diesem Grabmal ein anmutiges Aussehen. Khai Dinh, der zwölfte Kaiser der Nguyen-Dynastie, war der Vater von Kaiser Bao Dai, dem letzten vietnamesischen Herrscher.

Die Gräber von *Gia Long, Thieu Tri* und *Dong Khanh* sind kleiner und bescheidener.

Pavillon mit der Grabstele des Kaisers Tu Duc

SAIGON UND DER SÜDEN

Ins Land der tausend Wasserwege

Am Saigon River brodelt das Leben, das Mekongdelta ist die Reiskammer Vietnams

Frühmorgens ist er am schönsten, kurz nach 6 Uhr, wenn die Sonne, einer halbierten Blutorange gleich, über dem riesigen, dunsttrüben Flussdelta aufsteigt: der Mekong, die Lebensader des Südens, die mit insgesamt neun Seitenarmen, den »neun Drachen«, ins Meer mündet. Unter dem Tremolo der Bootsmotoren erwacht Vietnam: Die Fischer in Chau Doc füttern die Welse in den Fischfarmen, in den winzigen Restaurants schwatzen die Menschen bei der Morgensuppe und einem Tee oder duftendem *ca phe*. In der Reisnudelfabrik von Can Tho werden die dieselgetriebenen Rührgeräte scheppernd hochgefahren, und auf dem nahen Cai-Rang-Markt wechseln Früchte, Gemüse und Salatköpfe ebenso den Besitzer wie Draht und Holzstäbe. Von Boot zu Boot wird auf diesem schwimmenden Markt gehandelt – hier unten, am Mekong, ist das Leben ein langer, großer Fluss.

Wer bei einer Fahrt durch den Süden den Eindruck bekommt, auffallend wenige Plakate mit vermeintlich sozialistischen Parolen

Bunte Fischerboote im Hafen von Nha Trang

am Wegesrand zu sehen, hingegen auffällig viele junge Geschäftsmänner zu erleben, denen die Dollarzeichen förmlich in den Augen zu stehen scheinen, liegt richtig. Hier konnten »kapitalistische« Ideen nie ganz verschwinden. Denn im Zweifelsfall, so heißt es, ist Hanoi »sehr weit weg«. So sind Saigon und die Umgebung jetzt der Motor einer zweiten, klammheimlichen, aber sichtbaren Revolution – die der städtischen Schickeria, einer kleinen, reichen Oberschicht. Ho Chi Minh City, abgekürzt HCMC – so nennen vor allem die Ausländer und Nordvietnamesen die alte Lady am Saigon River. Für die Einwohner der Stadt, die Bauern aus dem Mekongdelta oder die Arbeiter in den Fischsoßenfabriken von Phan Thiet

Ho Chi Minh wacht über die Halle des Hauptpostamtes in Saigon

CAN THO

gilt schon seit langer Zeit wieder der alte Name: Saigon.

An den puderweichen Stränden in Nha Trang, Phan Thiet oder auf der Insel Phu Quoc fühlt man sich wie in der Karibik, so unwirklich schön wirken die Ensembles aus feinem Sand, kristallklarem Meer und wippenden Kokospalmen. Laissez-faire und Tropenzauber – das ist der Süden Vietnams.

CAN THO

[120 C4] Auf unzähligen Kanälen und mäandernden Wasserwegen tuckern unablässig die Longtailboote, deren Name von der länglichen Schiffsschraube herrührt, die wie ein Quirl durch das Wasser fegt. Erstaunlich geschickt steuern die Bootsführer ihre hölzernen Gefährte durch die manchmal enorm schmalen Kanäle – liegen doch manche Wohnhäuser oder Pfahlbauten weit vom großen Strom entfernt. Wer das Mekongdelta abseits der ausgetretenen Pfade erleben möchte, ist gut beraten, sich in einem der Hotels der 330 000-Einwohner-Stadt einzuquartieren, die das politische, wirtschaftliche und kulturelle Zentrum des Deltas bildet.

SEHENSWERTES

Cai Rang Floating Market
Der Cai-Rang-Markt von Can Tho ist der größte, bunteste und schönste »schwimmende Markt« im Mekongdelta. Allmorgendlich bevölkern unzählige, mit Melonen, Ananas, Gurken und Suppentöpfen schwer beladene Ruder- oder Longtailboote den Mekong nahe der Da-Sau-Brücke (ca. 6 km vom Zentrum entfernt). Stundenlang kann man dem Treiben zusehen – am besten mieten Sie sich im Zentrum von Can Tho nahe dem Markt ein Boot. Zwischen Sonnenaufgang und ungefähr 8 Uhr herrscht das größte Treiben, nach 9 Uhr lässt das Geschehen dann wieder nach.

MUSEUM

Ho-Chi-Minh-Museum
Ausführliche und interessante Informationen über das Leben und Wirken des in Vietnam nach wie vor sehr verehrten Revolutionärs Ho Chi Minh, der übrigens Can Tho nie besucht hat. *Di–Sa 8–11, 14 bis 16.30 Uhr; Eintritt frei, Duong Dai Lo Hoa Binh*

ESSEN & TRINKEN

Nam Bo
Das Interessanteste an diesem Restaurant ist der ❤ Balkon im 2. Stock – von dort aus können Sie nämlich das Geschehen auf dem großen Obstmarkt verfolgen. Vietnamesische und europäische Gerichte kommen in großen Portionen und in guter Qualität auf den Tisch. *50 Duong Hai Ba Trung, Tel. 071/ 82 39 08,* €

ÜBERNACHTEN

Hau Giang B Hotel
🏃 Einfache, preiswerte Unterkunft für Reisende mit festem Budget. *8 Zi., 27 Duong Chau Van Liem, Tel. 071/82 19 50, Fax 82 18 06,* €

Victoria Can Tho Hotel
Auch wenn Sie hier nicht übernachten wollen: Gönnen Sie sich einen Sundowner auf der ❤ Terrasse. Ge-

SAIGON UND DER SÜDEN

nießen Sie dabei den Blick auf den quirligen Fluss oder aber den Tropengarten – von den Zimmern des kolonial angehauchten Hauses aus natürlich am schönsten zu erleben.
92 Zi., Cai Khe Peninsula, Tel. 071/ 81 01 11, Fax 82 92 59, victoriactres@hcm.vnn.vn, €€€

AUSKUNFT

Can Tho Tourist Co.
20 Duong Hai Ba Trung, Tel. 071/ 82 18 52, 82 18 53, Fax 82 27 19

ZIEL IN DER UMGEBUNG

Phung Hiep [120 C5]
Dieser kleine Ort liegt 22 km südlich von Can Tho an der Straße nach Soc Trang. Hier gibt es den größten Schlangenmarkt Vietnams zu bestaunen: Gläser und Käfige mit giftigen Nattern, Klapperschlangen oder Vipern.

Nachdem Fang und Verkauf von Schlangen 1998 landesweit verboten worden waren, wurde der Markt vorübergehend geschlossen. Doch die Rezepturen der so genannten traditionellen Medizin sind mittlerweile einfach zu populär, um die Händler von ihrem Tun abzubringen – und in Vietnam gibt es keine Artenschutzprogramme. Wer sich überwindet und über den Markt bummelt, kann eine authentische Seite Vietnams erleben. Denn hier kaufen die Zauberheiler Schlangenwein oder Kobra-Salben ein, die gegen Rückenschmerzen, Arthritis oder Rheuma helfen sollen. Da die Kriechtiere sehr biegsam sind, interpretierten die Ärzte im alten China die Essenzen als adäquate Heilmittel.

MARCO POLO Highlights »Saigon und der Süden«

★ **Ha Tien**
Die altehrwürdige Stadt liegt in einer malerischen Landschaft (Seite 72)

★ **Cho Lon**
In Saigons Chinesenviertel wuselt das Leben (Seite 75)

★ **Chua Ngoc Hoang**
Himmel und Hölle liegen im wichtigsten Tempel Saigons nah beieinander (Seite 76)

★ **Palast der Einheit**
In Saigon feierten die Vietcong am 30. April 1975 im Siegestaumel (Seite 77)

★ **Historisches Museum**
Auf den Spuren längst vergessener Kulturen (Seite 78)

★ **Bootstour im Mekongdelta**
Von My Tho aus unterwegs auf dem mächtigen Fluss (Seite 85)

★ **Cao-Dai-Tempel**
Kunterbunte Architektur in Tay Ninh (Seite 85)

★ **Nha Trang**
Beachlife und Touristentreff (Seite 86)

Chau Doc

Chau Doc

[120 B4] In der behäbigen 100 000-Einwohner-Stadt an der kambodschanischen Grenze verläuft der Alltag noch in sehr ruhigen Bahnen. Gemütlich tuckern Longtailboote über den Hau Giang River, von den Decks der Hausboote, die auf leeren Ölfässern schwimmen, springen Kinder ins Wasser. Unter den Hausbooten befinden sich oftmals Netze, in denen Hunderttausende Welse gezüchtet werden, die dann in kleinen Fischfabriken in Chau Doc zerlegt und tiefgekühlt in die USA transportiert werden. Außerdem ist Chau Doc Zentrum der vietnamesischen Seidenproduktion. Die Stadt gilt als Schmelztiegel der Kulturen, denn hier leben neben den islamischen Cham auch zahlreiche Chinesen und Khmer.

Einen schönen Blick auf die umliegenden Hügel und Reisfelder sowie auf das kambodschanische Grenzgebiet können Sie vom Berg ❖ Nui Sam aus genießen.

SEHENSWERTES

Chau Giang
Wer den Fluss mit der Fähre überquert, gelangt in den Cham-Weiler Chau Giang. An der Anlegestelle wird man von einigen Cham-Webern empfangen. Sie führen die Besucher gern in ihre jahrhundertealte Webkunst und -kultur ein und verkaufen (Insider Tipp) kunstvolle, fein gemusterte Wickelröcke für wenig Geld.

Nach einem Gang durch den kleinen Ort gelangen Sie zur *Chau-Giang-Moschee,* die dank der Kuppeln und des Turms nicht zu übersehen ist. Sie können sie außerhalb der Gebetszeiten problemlos betreten, und vom ❖ Turm genießen Sie einen phantastischen Blick über den Ort und den Fluss. *Fähre ab Anlegestelle Chau Chiang in Chau Doc ca. alle 5–15 Minuten*

ÜBERNACHTEN

Victoria Hotel
❖ Schöne Zimmer mit Flussblick von den Steinbalkonen, phantastische vietnamesisch-französische Küche. *93 Zi., 32 Pho Le Loi, Tel. 076/86 50 10, Fax 86 50 20, www.victoriahotels-asia.com,* €€€

AUSKUNFT

An Giang Tourist Co.
83–85 Duong Nguyen Hue B, Long Xuyen, Tel. 076/84 10 36 oder 84 37 52, Fax 84 16 48

Ha Tien

[120 A4] ★ Die Gegend um Ha Tien wird ohne Übertreibung die »Ha-Long-Bucht des Südens« genannt. Die 90 000-Einwohner-Stadt schmiegt sich an eine von Hügeln begrenzte Bucht des Golfs von Thailand, die mit ihren palmengesäumten Stränden eines Tages ein echter Anziehungspunkt auf der touristischen Landkarte werden könnte.

Zu Beginn des 18. Jhs. befriedete die chinesische Familie Mac die damals kleine Siedlung und baute sie zum Fürstensitz aus. Aus dieser Zeit übrig geblieben ist die ❖ *Festung Phao Dai* mit Ausblick auf die Bucht und den kleinen Dong Ho, den Ostsee, der sich zwischen die beiden Granitkegel des Ngu Ho und To Chau zwängt.

SAIGON UND DER SÜDEN

SEHENSWERTES

Chua Tam Bao
In dieser hübschen Pagode, die zwischen 1730 und 1750 während der Herrschaft von Fürst Mac Cuu errichtet wurde, werden die barmherzige Göttin Quan Am und der himmlische Jadekaiser verehrt. *Duong Mac Thien Tich*

Lang Mac Cuu
Die kunstvoll mit Drachenornamenten, steinernen Phönixfiguren, Löwenköpfen und Wächterstatuen geschmückten Familiengräber der chinesischen Mac-Dynastie befinden sich auf den Hügeln nordwestlich des Stadtzentrums und sind erreichbar über die Duong Mac Tu Hoang. Mac Cuu, das Familienoberhaupt und zugleich der Herrscher des Mac-Fürstentums rund um Ha Tien, hatte sich 1708 mit dem Kaiserhaus in Hue verbündet, das 1802 die Grabstätte errichten ließ. *Nui Lang, ca. 3 km vom Stadtzentrum*

ESSEN & TRINKEN

Die Restaurants in Ha Tien sind eher einfach, aber nichtsdestotrotz gut. Wer am Flussufer entlangbummelt, kann sich, auf dem Markt zwischen Duong Mac Con Du und Duong Tham Tuong Sanh, in einigen hübschen Straßencafés stärken oder aber den fliegenden Händlern ein paar Frühlingsrollen abkaufen.

Xuan Thanh Restaurant
Empfehlenswertes Lokal, tgl. ab ca. 8 Uhr geöffnet. *Ecke Duong Ben Tran Hau/Duong Tham Tuong Sanh, kein Tel.,* €

ÜBERNACHTEN

Hai Yen
Ein helles, sauberes und familiäres Minihotel – hier bekommen Sie gute Leistung für wenig Geld, in manchen Zimmern sogar einen Kühlschrank. Wer einen der gut geschnittenen ✵ Eckräume im 3. oder 4. Stock wählt, hat einen ausgezeichneten

Verwurzelung und Erlösung: am Grabmal der Familie Mac in Ha Tien

Ho-Chi-Minh-Stadt (Saigon)

Blick über die Stadt. *24 Zi., 15 Duong To Chau, Tel. 077/85 15 80, Fax 85 18 89, €*

Kim Du Hotel
Eines der vielen Minihotels, die in jüngster Zeit in Ha Tien entstanden sind. Im Haus gibt es ein auch für ein gepflegtes Dinner empfehlenswertes Restaurant, serviert werden z. B. sehr gute Nudelsuppen. Die Zimmer sind sehr gepflegt, im Preis ist ein Frühstück mit tropischem Früchtebuffet enthalten. *17 Zi., 14 Duong Phuong Thanh, Tel. 077/85 19 29, Fax 85 21 19, € – €€*

Sao Mai Hotel
Ein gepflegtes Minihotel mit elf hübschen, zweckmäßig eingerichteten Zimmern, die alle mit Klimaanlage ausgestattet sind. Einziger Nachteil: Man hört ein wenig den Verkehrslärm. *24 Duong Tran Cong An, Tel. 077/85 27 40, kein Fax, €*

AUSKUNFT

Ha Tien Trade and Tourist Co.
1 Duong Mac Tu Hoang, Tel. 077/85 21 19

ZIEL IN DER UMGEBUNG

Phu Quoc [120 A4]
🏃 Obwohl sie die größte Insel Vietnams ist, ist Phu Quoc (50 km westlich von Ha Tien) noch weitestgehend unerschlossen und dadurch bis heute eine Oase der Ruhe. Einsamkeit, mit Kokospalmen gesäumte Strände, kristallklares Wasser und eine fast menschenleere Dschungellandschaft im Inselinneren sind die Merkmale Phu Quocs. An der Westküste gibt es – eine Rarität in Vietnam – 🌊 Strände, von denen aus man den Sonnenuntergang über dem Meer beobachten kann.

Der wohl schönste Strand ist der *Bai Khem,* der über einen unvergleichlichen Puderzuckersand verfügt. *Insi Tip* Noch beliebter ist der *Bai Truong,* der 20 km lang ist und sich entlang der Westküste zum südlichen Teil der Insel erstreckt. Hier gibt es Abschnitte mit Schatten spendenden Palmenreihen und Getränkebuden. Wer etwas mehr Zeit mitgebracht hat, kann aber auch die mitunter völlig vereinsamten Strände *Bai Dam, Bai Sao, Bai Thom* und *Bai Cua Can* erkunden.

Im *Kim Hoa Bungalow Hotel (Tran Hung Dao, Duong Dong, Tel. 077/84 70 39, Fax 84 82 61, € – €€)* kann man in sechs hübschen Beach-Chalets direkt am Meer übernachten; außerdem sind noch zehn preisgünstigere Zimmer vorhanden.

Ho-Chi-Minh-Stadt (Saigon)

Karte in der hinteren Umschlagklappe
[120 C3] Ein Hochzeitspaar nach dem anderen marschiert vor der schicken Fassade der restaurierten Notre-Dame-Kathedrale auf. Ein kurzer Stopp, ein schnelles Lächeln für den Fotografen, dann geht's hinein. Nach einer halben Stunde kommen die Brautleute wieder heraus, und schon ist das nächste Paar an der Reihe. Nur ein paar Stunden später: An der Tran-Nguyen-Han-Statue bricht der Verkehr zusammen. Zwei, drei Mercedes Diesel, aus denen Bässe wummern, am

SAIGON UND DER SÜDEN

Das kolonialzeitliche Rathaus von Saigon glänzt in alter Pracht

Steuer schwarz gekleidete Jugendliche mit Sonnenbrillen. Eine Harley Davidson tuckert vorbei, ein BMW-Cabrio, eine Traube blitzblank gewienerter Mofas, dann ein karminroter Chevrolet, dessen Fahrer ein kunterbuntes Piratentuch trägt und von drei Kids am Straßenrand mit »Victory«-Zeichen bedacht wird. Ein ganz normaler Samstag in Saigon: Die Jugend schwelgt im Hochzeitsfieber oder fährt beim Saturday-Night-Autokorso die Zeichen des neuen Wohlstands spazieren. Was auch immer man tut – es hat mit einer Lebenslust zu tun, die schier nicht zu bändigen ist.

Saigon mit seinen 6 Mio. Einwohnern ist das alte und neue Kraftzentrum der Republik Vietnam. Während Hanoi auf eine fast 1000-jährige Geschichte zurückblicken kann, sind kaum 300 Jahre vergangen, seit die Vietnamesen 1674 am Ende ihres langen Zuges nach Süden jenen Ort erreichten, der heute Saigon heißt. Vietnams größte Stadt, die in insgesamt 17 Distrikte *(quan)* eingeteilt ist, hat sich viel von ihrem Charme aus der französischen Kolonialzeit erhalten.

Ganz anders präsentiert sich das asiatische Saigon: eine quirlige Metropole, in der sich zwei Millionen Fahrräder und eine Million Mopeds drängen. Zwischen stinkenden Lastern und überfüllten Bussen versuchen sich Rikschas und Fußgänger ein wenig Platz zu erkämpfen – eine einzige wabernde, knatternde Masse, deren Chaos auch der ambitionierteste Verkehrspolizist nicht beherrscht. Dazwischen stehen die bunten Tempel oder Pagoden wie die quirlige Chua Thien Hau und Märkte wie Binh Tay in Saigons »Chinatown«, dem westlichen Stadtbezirk ★ Cho Lon. Cho Lon war früher eine eigene Stadt, der Name bedeutet »Großer Markt«. Hier trieben vor rund 300 Jahren die aus Südchina geflüchteten Chi-

HO-CHI-MINH-STADT (SAIGON)

In der Pagode des Jadekaisers beten Gläubige auch zu Buddha

nesen Handel, und so tun es auch ihre Nachfahren auf den Bürgersteigen, in den engen Gassen und in der mehrgeschossigen Markthalle.

Insider Tipp Eine Fahrt mit dem Cyclo, der Fahrradrikscha, führt durch den für Europäer recht eigenwillig anmutenden und manchmal atemberaubenden Verkehr.

SEHENSWERTES

Alte Oper [U E3]
Entstanden um die Wende zum 20. Jh. und erstmals in den 1940er-Jahren renoviert, wurde das Gebäude nach 1956 als Versammlungshalle für einen Teil des südvietnamesischen Parlaments genutzt. Seit 1975 dient es – auch »Saigon Concert Hall« genannt – wieder als Theater. *Duong Dong Khoi*

Chua Giac Lam [O]
Giac Lam, die älteste Pagode Saigons, wurde 1744 erbaut. Zehn Mönche leben in dem Gebäude, das daoistische und konfuzianische Einflüsse widerspiegelt. Auffallend sind 118 vergoldete Holzstatuen, u. a. verschiedene Darstellungen des Buddha, sowie die kunstvollen Schnitzarbeiten am Altar und den 98 Säulen, die das Dach der Haupthalle stützen. *118 Duong Lac Long Quan, 3 km westlich von Cho Lon*

Chua Ngoc Hoang [U D1]
★ In der wichtigsten Pagode Saigons verehren die Daoisten Ngoc Hoang, den mächtigen Jadekaiser. Doch haben hier auch buddhistische Gottheiten ihren Platz gefunden, weshalb der Haupteingang mit den Wächterfiguren zunächst auf einen buddhistischen Altar mit Bodhisattva-Darstellungen und der Buddha-Trinität Tam Phat führt. Erst dann gelangt man in die Haupthalle mit der Statue des Jadekaisers, der von seinen Ministern Bac Dau (Stern des Nordens) und Nam Tao (Stern des Südens) und vier Wächtergestalten gesäumt wird. Den Sei-

SAIGON UND DER SÜDEN

tenraum rechts vom Altar dominiert der Höllenfürst Thang Hoang. Die daneben stehenden Figuren demonstrieren die Qualen der zehn Höllen. Doch der Himmel ist nicht weit entfernt. Auf der anderen Seite befinden sich die Darstellungen der barmherzigen Bodhisattva Dia Tang Vuong und der gnädigen Quan Am. Sie mildern die Folterqualen und erlösen die Seelen der Verstorbenen. *73 Duong Mai Thi Luu, nördlich des Zentrums*

Chua Quan Am [O]

1816 errichtete die Fujian-Gemeinde diese der Göttin Quan Am gewidmete Pagode. Dass sie so gut besucht ist, kommt nicht von ungefähr – sie ist die Hauptpagode von Cho Lon. Die Statue der Göttin der Barmherzigkeit thront neben dem Buddha der Vergangenheit, Thich Ca, und dem Buddha der Zukunft, Di Lac. *802 Duong Nguyen Trai*

Chua Thien Hau [O]

Die Legende besagt, dass Thien Hau, die Schutzgöttin der Fischer und Seeleute, auf einer Matte über die Ozeane reisen und rittlings auf Wolken überall hingelangen kann. Die Pagode wurde der Göttin zu Ehren von der kantonesischen Gemeinde im frühen 19. Jh. errichtet. *710 Duong Nguyen Trai/Ecke Trieu Quang Phuc, im Zentrum Cho Lons*

Hauptpostamt [U D3]

Das schöne, 1886–91 entstandene Bauwerk aus der Kolonialzeit befindet sich gegenüber der Kathedrale. Das Hauptpostamt – das bei weitem größte in Vietnam – beeindruckt durch eine kuppelförmige Deckenkonstruktion mit gusseisernen Trägern. Die hohe Halle ist mit viel Glas, alten Landkarten, Deckenventilatoren und Kronleuchtern ausgestattet. *Duong Dong Khoi*

Hoi Quan Phuoc An [O]

Eine der beeindruckenden Gebetsstätten Cho Lons ist der Phuoc-An-Tempel mit seinem reichen Zierrat. Zahllose Figuren aus Keramik schmücken das Dach, feine Holzschnitzereien, Kultgegegenstände aus Porzellan und Bronze das Innere. Der Tempel ist dem daoistischen General Quan Cong gewidmet, der im 17. Jh. auf einem weißen Zauberpferd geritten sein soll – es ist links des Eingangs als lebensgroße Nachbildung zu sehen. *184 Duong Hung Vuong*

Hoi Truong Thong Nhat – Palast der Einheit [U D3]

★ Der »Palast der Einheit« steht auf den Fundamenten des 1862 errichteten Palais Norodom, das seinerzeit als französischer Gouverneurssitz diente. 1962 hatte ein meuternder südvietnamesischer Pilot einen Angriff auf das Palais geflogen, um den verhassten Präsidenten Diem zu töten. Als Nachfolgebau entstand vier Jahre später das »Weiße Haus Südvietnams«, das am 30. April 1975 vor den Augen der Weltpresse von nordvietnamesischen Panzern gestürmt wurde. *Tgl. 7.30–11, 13–16 Uhr, Eintritt 1 Euro, Besuchereingang in der Duong Nam Ky Khoi Nghia*

Hôtel de Ville – Rathaus [U D3]

Zwischen 1901 und 1908 entstand das »Hôtel de Ville«, das Rathaus von Saigon. Heute ist es Sitz des Volkskomitees von Ho-Chi-Minh-Stadt. *Am nördlichen Ende der Duong Nguyen Hue*

HO-CHI-MINH-STADT (SAIGON)

Kathedrale Notre Dame [U D3]
Die Kathedrale, der interesanteste christliche Sakralbau Saigons, steht am nördlichen Ende der Duong Dong Khoi. Das neoromanische Gotteshaus wurde zwischen 1877 und 1883 aus rötlichem Backstein erbaut. Auffallend sind die zwei hohen quadratischen Türme mit eisernen Spitzen. Messen finden tgl. um 5.30 und 17 Uhr, So auch um 10 Uhr statt.

MUSEEN

Historisches Museum [U E2]
★ Auf dem Gelände des Botanischen Gartens befindet sich das 1929 gegründete historische Museum der Stadt. Ein Besuch des schönen Gebäudes lohnt sich wegen der Vielzahl interessanter Exponate, zu denen auch eine bronzezeitliche Trommel der Dong-Son-Dynastie gehört. Besonders beachtenswert sind die Räume Nr. 7 mit Keramiken aus der Le-Dynastie, Nr. 8 mit Schiffsmodellen, Kleidungsstücken und Instrumenten der Tay-Son-Dynastie sowie Nr. 10 mit Keramikvasen aus verschiedenen asiatischen Ländern. Im Raum Nr. 12 steht der Dong-Duong-Bronzebuddha aus der frühen Cham-Zeit. *Di–So 8–11.30, 13.30 bis 16.30 Uhr; Eintritt 0,80 Euro, 2 Nguyen Binh Kiem*

Ho-Chi-Minh-Museum [U E4] *Insider Tip*
Im 1863 erbauten »Drachenhaus« Nha Rong an der Mündung des Ben-Nghe-Kanals in den Saigon River heuerte 1911 ein junger Kommunist namens Ho Chi Minh alias Ba an, um als Küchenjunge auf dem Passagierdampfer »Admiral Latouche Tréville« zu arbeiten. An diese und andere Phasen im Leben des großen Revolutionärs erinnert das interessante Museum. *Di–Do 8–11.30, 13.30–16.30 Uhr; Eintritt 0,80 Euro, 1 Duong Nguyen Tat Thanh*

Händler legen mit ihren beladenen Booten in Cho Lon an

SAIGON UND DER SÜDEN

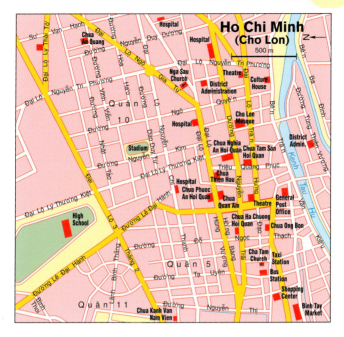

Kriegsgeschichtsmuseum [U C3]
Für die Ausstellung braucht man bisweilen starke Nerven. Detailliert wird auf die Massaker der Amerikaner an der vietnamesischen Bevölkerung, wie z. B. in My Lai, eingegangen, ferner auf die Auswirkungen der chemischen Kampfstoffe und der Dioxinvergiftungen. Im Hof des Gebäudes stehen erbeutete Panzer, Hubschrauber und Flugabwehrgeschütze. *Di–So 8–11.30, 14 bis 17 Uhr; Eintritt 0,80 Euro, 28 Duong Vo Van Tan, Ecke Pho Le Qui Don*

Kunstmuseum [U D4]
Wo einst Agenten der amerikanischen CIA Quartier bezogen hatten, wird heute vietnamesische Kunst des 20. Jhs. gezeigt. In der renovierten Villa aus der Gründerzeit sind unter anderem Statuen aus Porzellan, Keramik und Bronze, Gemälde des sozialistischen Realismus und Designer-Möbelstücke zu sehen. *Di–So 8–11.30, 13.30–16.30 Uhr; Eintritt 0,80 Euro, 97 Pho Duc Chinh*

ESSEN & TRINKEN

Angkor Encore [U E3]
Ein einzigartiger Küchenmix aus französischen und kambodschanischen Rezepturen. *5 Duong Nguyen Thiep, Tel. 08/822 62 78,* €€

Bano [U D3]
Sehr gute Enten- und Schweinefleischgerichte. *8 A Duong Ly Tu Trong, Tel. 08/823 02 95,* € – €€

Café Central [U E4]
Fastfood und Snacks, z. B. Sandwiches, Pizza, Pasta oder Salate. *Sun*

HO-CHI-MINH-STADT (SAIGON)

Wah Tower, 115 Duong Nguyen Hue, Tel. 08/821 93 03, €

Camargue [U D2]
In dem schön renovierten, alten Holzhaus wird auf der offenen Veranda exklusive französische Küche serviert. *16 Pho Cao Bau Quat, Tel. 08/824 31 48, €€€*

Canh Buom [U D3]
Lust auf Wildschweinbraten oder Lachsfilet? In dem beliebten Freiluftlokal mit Fischbassins können Sie herrlich schlemmen; z. B. gibt es auch Seafood-Curry-Feuertopf *(lau cari hai san)* für zwei Personen. *127 Duong Pasteur, Tel. 08/25 72 72, €*

Chu Bar [U E3] *(Insider Tipp)*
Zu allen Tageszeiten ein interessanter Mix: tagsüber nettes Café mit Imbissen, z. B. Nudelsuppen oder Sandwiches, abends einer der Szenetreffs, in denen Zigarren qualmen und edle Weine fließen. Dennoch sind die Preise auf dem Teppich geblieben. *158 Duong Dong Khoi, Tel. 08/22 39 07, €€*

Luong Son [U D3]
Das riesige, halb offene Gartenlokal ist ein beliebter Treff für Reisende – und vergleichsweise spottbillig. Man kann sich die Gerichte teils selbst am Tisch grillen, etwa Shrimps oder mariniertes Rindfleisch. Wer auf exotisches Essen aus ist, kann sich sogar Skorpione oder Schlangen braten lassen. *31 Duong Ly Tu Trong, kein Tel., €*

Madame Tinh [U C4] *(Insider Tipp)*
Erst Ende 2002 eröffnet, hat sich die Minigarküche im Backpackerviertel Pham Ngu Lao mit köstlichen Nudelsuppen in die Herzen vieler Saigon-Besucher gekocht. *40/29 Pho Bui Vien, kein Tel., €*

EINKAUFEN

Wer nicht nach Hoi An fährt, kann sich in Saigon mit Seidenwaren eindecken. Überall sind T-Shirts für ca. 2 Euro erhältlich, so auch an der *Dai Lo Nguyen Hue* [U E3–4]. Seidenkleidung wie die traditionellen Ao-Dai-Gewänder gibt es z. B. auf dem *Ben-Thanh-Markt* [U D4], bei *Vietsilk, 21 Duong Dong Khoi* [U E3] oder bei *Ao Dai Si Hoang, 36 Duong Ly Tu Trung* [U D3].

Ben-Thanh-Markt [U D4]
Gegenüber dem Kreisverkehr bei der Statue Tran Nguyen Hai, ungefähr in der geografischen Mitte der Stadt, befindet sich der Hauptmarkt von Saigon. Die im Jahr 1914 errichteten Hallen mit einem 28 m hohen Kuppeldach überspannen mehr als 10 000 m^2 Verkaufsfläche. Zu kaufen gibt es nahezu alles. *Ecke Dai Lo Le Hoi/Dai Lo Ham Nghi*

Straßenmarkt Huynh Thuc Khang [U E4]
Nichts, was es hier nicht gibt: Kleidung, Waschmittel, Musikkassetten oder CDs mit Raubkopien, Ho-Chi-Minh-Devotionalien oder nachgemachte Antiquitäten. Der Huynh Thuc Khang ist der größte Straßenmarkt Saigons. *Duong Huynh Thuc Kang/Duong Ton That Dam*

ÜBERNACHTEN

 In der einstigen Bahnhofsstraße *Pham Ngu Lao* [U D4] hat sich eine Szene mit Guesthouses, Cafés, Bars, Reisebüros, Bankschaltern,

SAIGON UND DER SÜDEN

Schneidern, Souvenirshops usw. etabliert. Nirgendwo sonst im Land kann man so gut und billig zugleich übernachten wie hier. Die Minihotels sind sehr preisgünstig (€) und fast alle von guter Qualität.

Asian Hotel [U E3]
Zentral gelegenes, kleines, blitzsauberes Businesshotel mit gutem Service. Die Zimmer sind allesamt komfortabel eingerichtet und haben zum Teil Blick auf Saigons Prachtstraße. *80 Zi., 150 Duong Dong Khoi, Tel. 08/829 69 79, Fax 829 74 33, www.holidaycity.com/asianhotel/index.htm,* €€

Ben Thanh – Rex [U E3]
Hier war einst das Hauptquartier des US Information Service untergebracht, das im Krieg von Offizieren bezogen wurde. 1985 wurde das Rex zum First-Class-Hotel mit Friseur und Kosmetiksalon, Schneiderei, Akupunkturpraxis und anderen Annehmlichkeiten umgestaltet. Vom Dachgarten mit Minipool im 6. Stock genießen Sie einen vortrefflichen Blick über die Stadt. *230 Zi., 141 Duong Nguyen Hue, Tel. 08/829 21 85, Fax 829 65 36, www.rexhotelvietnam.com,* €€€

Hoan Cau – Continental [U E3]
Der Hauch der großen weiten Welt durchweht das älteste Hotel Saigons, das schon 1885 gebaut wurde. Prominente Persönlichkeiten wie Somerset Maugham oder Graham Greene gaben sich hier die Ehre und verliehen dem Haus das Ansehen eines internationalen Grandhotels. Hübsch gestaltet ist der Innenhof des Hauses. *87 Zi., 132–134 Duong Dong Khoi, Tel. 08/829 92 01, Fax 824 17 72, continentalhtl@fmail.vnn.vn,* €€€

Kim Do Royal Hotel [U E3]
Ein Mix aus asiatischen Rattan-Chairs, europäisch wirkenden Ma-

Auch abends knattert der endlose Strom der Mopeds durch die Stadt

HO-CHI-MINH-STADT (SAIGON)

hagonimöbeln und japanisch strengem Teakdesign. Buchen Sie unbedingt übers Internet – dann gibt es bis zu 40 Prozent Rabatt! *27 Zi., 133 Duong Nguyen Hue, Tel. 08/ 822 59 14, Fax 822 59 13, www. kimdohotel.com,* €€ – €€€

Mogambo [U C4]
Ein schmales Haus, jedoch sind die hellblau-weiß gestalteten Zimmer überraschend geräumig. Tropenflair strahlt die hölzerne Bar aus, die mit einem riesigen Leopardenfell und alten Filmplakaten dekoriert ist. *8 Zi., 20 Pho Bis Thi Sach, Tel. 08/ 825 13 11, Fax 822 60 31,* €

FREIZEIT & SPORT

Golf
Zwei sehr gute und vergleichsweise günstige Clubs:

Der *Vietnamese Golf & Country Club* liegt ca. 15 km östlich der Innenstadt. Greenfee ca. 55 Euro, Übungsrunde ca. 11 Euro. Wer möchte, kann auch die Tennisplätze benutzen. *40–42 Duong Nguyen Trai (Tu-Duc-District, Lam Vien Park), Tel. 08/832 20 84, Fax 832 22 83* **[120 C3]**

Die *Rach Chiec Driving Range* liegt ca. 10 km von der Innenstadt entfernt in Richtung Phan Thiet. Die Monatsmitgliedschaft kostet ca. 77 Euro, Schläger und Schuhe sind begrenzt ausleihbar, Trainerstunden möglich. *An Phu Village, Tel. 08/ 896 07 56* **[121 D3]**

Jogging
Über gelegentliche Lauftreffs der Vereinigung *Hash House Harriers* informiert das Magazin »Timeout« (an vielen Hotelrezeptionen). Die beste Zeit ist der frühe Morgen, gute Strecken sind die *Duong Tran Van Kieu/Duong Ban Ham Tu* **[O]** oder *Duong Thon Duc Than* am Fluss **[U E3–4]**.

Schwimmen
Der *Saigon Water Park* ist eine riesige Badelandschaft im Thu-Duc-District, nahe der Go-Dua-Brücke, an Wochenenden allerdings überlaufen. *Anfahrt mit einem Shuttlebus ab Ben-Thanh-Markt, Duong Kha Van Can, Mo–Fr 9–17, Sa 9 bis 20, So und feiertags 8–20 Uhr, Eintritt 4,70 Euro* **[O]**

AM ABEND

Café Latin [U E3]
Saigons erste Tapas-Bar ist ziemlich angesagt. Auf einem Riesen-TV-Schirm läuft Sport, zwischen 16 und 19 Uhr ist Happy Hour. *25 Dong Du, Tel. 08/822 63 63, tgl. ca. 14–23 Uhr*

Catwalk [U E3]
Obwohl diese Disko in einem Hotel untergebracht ist, gehört sie zu den angesagten Clubs der Stadt. DJs aus aller Welt legen House, Rap oder Schlager der 1960-er und 1970-er auf. *76 Le Lai, Ostflügel New World Hotel, Tel. 08/824 37 60, tgl. bis ca. 2 Uhr*

Hoa Binh Theater [U C5]
Kultur kunterbunt, und das jede Woche im »Theater des Friedens«. Was darf es sein? Vietnamesische Theateraufführungen und Zirkusnummern gibt es um 19.30 Uhr, So 9 Uhr, Marionettentheater tgl. ab 8.30 Uhr, internationale Filme Di–So 20–23 Uhr, danach Disko. *14 Dai Lo, nahe der Quoc-Tu-Pagode, Tel. 08/865 57 60*

SAIGON UND DER SÜDEN

Fauxpas oder die feine Art?

Manche Europäer werden sich darüber wundern, was in Vietnam alles erlaubt ist

Wohl erzogene Reisende werden staunen: In Vietnam darf man vieles, was europäische Eltern ihren Kindern mühsam abgewöhnen. So zum Beispiel bei Tisch die Suppe laut schlürfen. Oder die Nase hochziehen. Schmatzen, ein »Bäuerchen« von sich geben, mit grünem Tee lautstark nachspülen – alles Sitten, die der lebensbejahenden chinesischen Tradition entlehnt sind. Raucher blasen ihrem Gesprächspartner den blauen Dunst ungeniert ins Gesicht. Und passiert jemandem ein Missgeschick, dann bleiben Vietnamesen stehen und lachen, denn sie sprühen vor Spottlust.

Hoa Vien [U E4]
Tschechischer Biergarten mit angeschlossener Mikro-Brauerei, eine bei jungen Reisenden sehr beliebte Adresse. *28 Bis Mac Dinh Chi, Tel. 08/829 05 85, tgl. ca. 12 bis 23.30 Uhr*

Ice Blue [U E3]
Eine echte Dart-Kneipe mit eher schlichtem Interieur. Hier sind viele Engländer und Australier anzutreffen. Happy Hour von 16 bis 20 Uhr. *54 Duong Dong Khoi, Tel. 08/822 26 44, tgl. ca. 16 Uhr bis Mitternacht*

Mecca Club & Lounge [U E4]
🏃 Schicke Disko mit großer Loungezone zum Unterhalten und Entspannen, auf der Bühne hervorragende Tänzer. Auch hier legen DJs aus aller Welt auf. *129 A Nguyen Hue, Tel. 08/821 66 32 oder 821 66 34*

Q Bar [U E3]
Die Bar ist schon kurz nach ihrer Eröffnung zu einem echten Szene-Hotspot avanciert. Kein Wunder: Das Interieur ist eine Mischung aus Art déco, Gewölbekellerambiente, Mittelmeerhotel und Postmoderne. *7 Cong Truong Lam Son (gegenüber Caravelle Hotel), Tel. 08/823 34 79 oder 823 34 80*

Stadttheater [U E3]
Das Programm wechselt wöchentlich und ist ein Mix aus Gymnastikperformances im Kaderstil, hochwertigem vietnamesischen Theater und Rock- oder Popkonzerten. *Tgl. 20 Uhr, Duong Dong Khoi/Duong Le Loi, Tel. 08/825 15 63*

Wasserpuppenspiele
Wasserpuppenspiele gibt es zu unregelmäßigen Zeiten im Historischen Museum und im Kriegsgeschichtsmuseum.

AUSKUNFT

Saigon Tourist [U E3]
Offizielle staatliche Reiseagentur. *49 Duong Le Tanh Ton, Tel. 08/829 81 29, Fax 822 49 87*

HO-CHI-MINH-STADT (SAIGON)

Vietnam Tourism [U D3]
Staatlicher Reiseveranstalter, gute Info. *69–71 Duong Nam Ky Khoi Nghia, Tel. 08/829 12 76, Fax 829 07 75*

ZIELE IN DER UMGEBUNG

Cat-Tien-Nationalpark [121 D3]
Endlos erscheinen die Industrieviertel im Norden von Saigon, durch die man fahren muss, bis man – zunächst auf dem Highway 1, dann auf der Landstraße 20 – nach rund 130 km am Tor des tropischen Cat-Tien-Nationalparks ankommt. Dank seiner Sümpfe, Savannen, Berge und Tiefebenen ist der Park landschaftlich höchst interessant. Aber dass das Gebiet vom World Wildlife Fund mitbetreut wird, hat noch einen anderen Grund: Hier befindet sich eines der letzten Rückzugsgebiete des Tigers. Ferner kommen Leoparden und seltene Tiere wie das Java-Rhinozeros und der Gaur, ein Ur-Rind, vor. Es leben außerdem viele Vogelarten im Park, der deshalb auch für Ornithologen sehr sehenswert ist. Mit einem Guide können Sie für ca. 10 Euro pro Tag auf Beobachtungstour gehen. Übernachtung in einfachen Unterkünften (€) am Parkeingang. Auskunft: *Cat-Tien-Nationalparkverwaltung, Tel. 061/792 28, Fax 79 12 27*

Cu Chi [120 C3]
Gleich auf den ersten Blick wird der Schrecken des Kriegs ins Gedächtnis zurückgerufen: Am Eingang des Tunnelsystems von Cu Chi im Dorf *Ben Dinh* (45 km westlich von Saigon) reckt ein rostiger Panzer drohend das Rohr, gleich daneben steht ein Kampfhelikopter. Der Besuchereingang führt in ein 50 m langes restauriertes, feuchtkühles und trotz künstlicher Verbreiterung noch immer ziemlich enges Tunnelstück hinab. Die unterirdischen Gänge des Vietcong waren einst 250 km lang, erstreckten sich über ein Gebiet von 400 km^2 und besaßen Kantinen, Krankenhäuser und Aufenthaltsräume – alles bis zu 10 m unter der Erde. Die Tunnel waren so eng gegra-

Im Dorf Ben Dinh ist ein Stück des Vietcong-Tunnels zu sehen

SAIGON UND DER SÜDEN

ben, dass kein Nichtvietnamese durchpasste. Oft brachten hier Frauen im Schutz der Tiefe ihre Kinder zur Welt, man hielt sich wochenlang in den Systemen auf. Die ersten Tunnel waren übrigens 1948 im Kampf gegen die Franzosen gegraben worden. Rund um das Tunnelstück sorgen mittlerweile zahllose Souvenirbuden und ein Schießstand für Kurzweil. Ein Freilichtmuseum mit Gedenkstätte erinnert an die Kriegsereignisse. *Eintritt 5 Euro, an der Nationalstraße N 22 nach Tay Ninh, ca. 45 km westlich von Saigon*

My Tho [120 C4]

Der erste geschäftige Außenposten des Mekongdeltas ist die 180 000 Einwohner zählende Provinzhauptstadt My Tho, die ungefähr 70 km südlich von Saigon liegt und nach einer zweistündigen Fahrt durch fruchtbare Reisfelder zu erreichen ist. Von hier aus können Sie auf bequeme Weise eine ★ *Bootstour im Mekongdelta* unternehmen. Unzählige Privatleute werben lautstark an der Straße *30 Thang 4* unweit des Tourismusinformationsbüros um Kundschaft. Wer eine solche Fahrt verpasst, war eigentlich nicht richtig in Vietnam. Laut knatternd zwängen sich die Longtailboote mit ihren langen Schiffsschrauben durch oftmals winzige Kanäle, vorbei an Tempelchen und bunten Märkten, an Kokospalmenhainen und Bananenplantagen. Mögliche Ziele sind der *Schwimmende Markt von Cai Be* oder die Inseln *Con Phung* und *Thoi Son*. Den Preis sollte man aushandeln; mehr als 5–7 Euro für zwei Stunden pro Boot sollten Sie jedoch nicht bezahlen. Auskunft: *Chuong*

Ein bisschen Kathedrale, ein bisschen Moschee: der Cao-Dai-Tempel bei Tay Ninh

Duong Tourist, Haus Nr. 12 in der Duong 30 Thang 4, Tel. 073/ 87 33 79

Tay Ninh [120 C3]

Tay Ninh, 95 km westlich von Saigon gelegen, ist die Hauptstadt der gleichnamigen Provinz und seit 1927 der Hauptsitz der Religionsgemeinschaft Cao Dai. Man mag die Religion der Cao Dai als schrillen Mix abtun – doch schon allein der Architektur wegen sollten Sie dem ★ *Cao-Dai-Tempel* einen Besuch abstatten. Er steht im Dorf Long Hoa, ca. 4 km östlich des Stadtzentrums, auf einem über 100 km^2 großen Gelände – dem »Heiligen Stuhl« –, das zeitweilig von bis zu 100 000 Anhängern be-

Nha Trang

wohnt wurde. Der Tempel selbst ist eine eigentümliche Mischung aus doppeltürmiger Kathedrale, Pagode mit Rundturm und Moschee mit Kuppeldach. Im Inneren fallen der tiefblaue Himmel mit Sternen aus Spiegelglas, die drachenumschlungenen Säulen, der achteckige Altar mit den Stühlen für die Kardinäle und die Weltkugel auf. Viermal täglich – um 6, 12 und 18 Uhr sowie um Mitternacht – findet die Gebetszeremonie statt, die Touristen von der Balustrade aus beobachten dürfen. Da die Vormittagszeremonien mittlerweile stark überlaufen sind, ist es ratsam, das Abend- bzw. Nachtgebet zu besuchen.

Einen hervorragenden Ausblick können Sie von dem Vulkankegel des ca. 15 km nordöstlich des Stadtzentrums gelegenen, beinahe 1000 m hohen 🚻 *Nui Ba Den* (Berg der Schwarzen Frau) genießen, der einst eine heilige Stätte der Khmer war und auch heute noch von Wallfahrern besucht wird.

Auskunft/Übernachtung: *Tay Ninh Tourist (Tel. 066/82 23 76)* unterhält ein kleines Büro im empfehlenswerten *Hoa Binh Hotel (25 Zi., 1 A Duong 30/4, Tel. 066/82 23 83, €)*.

Nha Trang

[121 F2] ★ Rasant entwickelt sich die malerische Küstenstadt Nha Trang mit ihren 315 000 Einwohnern von einem Geheimtipp zu einem beliebten Urlaubsort und zugleich Zentrum der Touristenszene, zu einer Nizza-Ibiza-Mischung Vietnams. Die eigentliche Anziehungskraft gewinnt Nha Trang durch seine geografische Lage. In einer weiten Bucht am Südchinesischen Meer gelegen, wird die Stadt im Norden von einer kleinen Bergkette mit dem Son-Berg begrenzt, und direkt vor der Küste liegen kleine grüne Inseln, wie geschaffen zum Träumen unter Palmen. Scheinbar endlos zieht sich die 🏃 Uferpromenade *Tran Phu* über mehr als 5 km am Strand hin. Im Süden mündet sie in den idyllischen Fischerhafen Cau Da, heute neben Nha Trang ein weiteres Touristenzentrum.

SEHENSWERTES

Long-Son-Pagode
🚻 Hier wird Kim Than Phat To verehrt, der weiße Buddha, der auf einem Hügel hinter der Pagode weithin sichtbar sitzt. 152 Steinstufen führen von Long Son hinauf. Die Pagode selbst wurde im späten 19. Jh. gebaut. Der Altar ist von bunten Drachen gesäumt, die sich um seitliche Säulen winden. *Duong Thai Nguyen, ca. 500 m westlich des Bahnhofs*

Ponagar
🚻 Wahrzeichen von Nha Trang ist der Cham-Tempel Ponagar auf einem Hügel im Norden der Stadt, der aus vier Türmen besteht und vermutlich zwischen dem 9. und dem 13. Jh. gebaut wurde. Er ist Po Ino Nagar geweiht, der Schutzgöttin der Stadt, einer Inkarnation Shivas. Von der Anlage haben Sie eine gute Aussicht über den Hafen mit bunt bemalten Fischkuttern.

ESSEN & TRINKEN

Bombay Indian
Der Name deutet es schon an: Hier gibt es sehr gute indische Tandoori-

SAIGON UND DER SÜDEN

Sonne, Strand und Meer an der weiten Bucht von Nha Trang

Gerichte. *15 Biet Thu, Tel. 058/ 81 25 57, €*

Ngoc Suong

Ein kleines, gemütliches Restaurant in einer Villa mit Außenbereich. Sehr guter Service, vorzügliche Fischküche und ein ausgezeichnetes Preis-Leistungs-Verhältnis verwöhnen die Gäste. *16 Duong Tran Quang Khai, Tel. 058/82 70 30, €*

Truc Linh Restaurant

Schon die Präsentation der Meeresfrüchte auf eisgekühlten Platten oder in Wassertanks macht Appetit. Exzellente Fischküche. *21 Pho Biet Thu, Tel. 058/82 00 89, €€*

ÜBERNACHTEN

Ana Mandara

Tophotel direkt am Strand in einem über 20 000 m² großen Tropengarten, Zimmer mit schönen Holz- oder Rattanmöbeln, Pool mit Meerblick, sehr aufmerksamer Service. *16 Bungalows mit 68 Zi., Dai Lo Tran Phu, Tel. 058/82 98 29, Fax 82 96 29, sgnthotel@dng.vnn.vn, €€€*

Indochine Hotel

Noch leuchtet die Fassade in frischem, einladenden Rosa. Das neu eröffnete Haus in Strandnähe hat sehr gut ausgestattete Zimmer mit Satellitenfernseher, hübschen Holzmöbeln, begehbarem Schrank und glänzendem marmorierten Fußboden – und ist deswegen sehr beliebt. *32 Zi., 14 Duong Hung Vuong, Tel. 058/81 53 33, Fax 82 15 15, Indo chinehotel@yahoo.com, € – €€*

Truc Linh Villa Resort

Im September 2002 eröffnete dieses bezaubernde Bungalowhotel. Die acht Chalets sind im traditionellen Stil eingerichtet, mit Teakholzmöbeln, braun gemusterten Bodenfliesen, einem für Europäer allerdings etwas kleinen Bett und einem klei-

NHA TRANG

Kein Faible für Promille

Vorsicht, Alkohol: Warum Vietnamesen nicht gern zum Reisschnaps greifen

Eine halbe Dose Bier mag genügen. Oder ein Likörgläschen Reisschnaps. Die Wangen des Gegenübers färben sich plötzlich rosarot, der Blick wird glasig, die Aussprache fahrig. Es ist wissenschaftlich erwiesen: Vietnamesen vertragen weder Sekt noch Schnaps, weder Bier noch Wein – ihnen fehlt nämlich ein Alkohol abbauendes Körperenzym. Voller Bewunderung schauen sich daher viele Vietnamesen die Berichte vom »Oktoberfest« im Fernsehen an – und wenn sie deutschen Bierdurst live erleben können, ist das sogar noch spannender. Doch sind nach dem Genuss von Alkohol auf jeden Fall die Formen zu wahren: Wer herumtorkelt oder singt, verliert das Gesicht – weswegen die meisten Vietnamesen öffentlich nicht gern zum Schnaps greifen, sondern nur dann und wann im trauten Kreis.

---

nen Tee- und Kaffeeset. *21 Pho Biet Thu, Tel. 058/82 00 89, kein Fax, internet_bt@yahoo.com, €€*

FREIZEIT & SPORT

Bootstouren

Sehr beliebt sind Touren zu den vorgelagerten Inseln. Es gibt sie u. a. bei dem bewährten Anbieter *T. M. Brothers Café II, 12 B Pho Biet Thu, Tel. 058/81 18 22, mobil 090/357 66 62.*

Motorradtouren

Touren mit einem Englisch sprechenden Guide in die Umgebung von Nha Trang: *Mr. Sau, Tel. 058/87 31 60*, oder über *Shorty's Bar & Cafe, 1 E Pho Biet Thu, Tel. 058/52 40 57.*

Strände

Der 6 km lange *Nha Trang Beach* ist breit und fast überall von Kokospalmen gesäumt. Hier können Sie Liegestühle mieten und perfekt relaxen. Hüten Sie sich allerdings nachts vor diebischen Prostituierten! Wer es einsamer liebt, dem sei der idyllische *Doc-Let-Strand* auf einer Halbinsel ca. 30 km nördlich der Stadt empfohlen (Abzweigung bei Ninh Hoa).

Tauchen

Rainbow Divers ist ein international operierender Anbieter mit hohem Standard und kleinen Gruppen. *Infos: The Sailing Club, 72 Dai Lo Tran Phu, Tel. 058/81 37 88, Fax 81 69 06*

AM ABEND

Zurzeit sehr angesagt sind Beachclubpartys à la Ibiza: Irgendwo brennt ein großes Feuer, aus den Boxen wummert House oder tönt sanfter Lounge-Sound – und vor dem frühen Morgen geht niemand zu Bett. Leider gab es schon erste Probleme

SAIGON UND DER SÜDEN

mit leichten Drogen. Orte des Geschehens sind z. B. der weitläufige *Sailing Club (72 Tran Phu, Tel. 058/82 65 28)* oder *La Louisiane (Tran Phu Beach, gegenüber dem Flughafen, Tel. 058/81 29 48),* jeweils ca. 23–5 Uhr.

Die ❧ Terrasse der *Jack's Bar (96 A/8 Tran Phu, Tel. 058/ 81 38 62)* hält einen schönen Blick über die Bucht bereit. Die Atmosphäre entspricht ziemlich exakt der eines englischen Pubs.

AUSKUNFT

Khanh Hoa Tourist Co.
1 Pho Tran Hung Dao, Tel. 058/ 82 27 53, Fax 82 42 06

PHAN THIET

[121 E3] Phan Thiet ist nicht nur der Standort der berühmten Fischsoßenfabriken, sondern ein weiterer vietnamesischer Badeort par excellence. Direkt am gleichnamigen Fluss und am bedeutsamen Highway 1 gelegen, befindet sich die 100 000-Einwohner-Stadt noch im Einzugsgebiet der Metropole Saigon. Buntes Leben herrscht rund um den malerischen Hafen mit seinen vielen hübschen Fischerbooten. Nicht zu vergessen ist der ca. 20 km östlich des Zentrums gelegene feine Sandstrand *Mui Ne* und die gleichnamigen gewaltigen Sanddünen, die nicht nur für Fotografen ein äußerst beliebter Ausflugsort sind.

ÜBERNACHTEN

Full Moon Beach Resort
🏃 Hübsche Holzbungalows, Zimmer mit Himmelbett und rosa gefliesten Badezimmern. Hier steigt die Surferszene ab. Es wird eine Variante des Surfens, das Kitesurfing, angeboten: Von einer Art Lenkdrachen kann man sich, auf einem Brett stehend, ziehen lassen. *46 Zi., km 13,5 Ham Tien, Mui Ne, Tel. 062/84 70 08, €–€€*

Mui Ne Sailing Club *Insider Tipp*
Australisches Management, Zimmer mit französischen Balkonen. Die hübsche Anlage tröstet über den einen oder anderen Servicemangel hinweg. *34 Zi., 24 Duong Nguyen Dinh Chieu, Ham Tien, Mui Ne, Tel. 062/84 74 40, info@sailingclubviet nam.com, €€*

Victoria Phan Thiet
Vor allem bei Franzosen beliebtes Luxushotel mit feiner Küche und Bungalows in Hanglage. Leider verhindern einige spitze Steine im Meer einen ungetrübten Badegenuss. *50 Zi., km 9 Phu Hai, Mui Ne, Tel. 062/81 30 00, Fax 81 30 07, victo riapt@hcm.vnn.vn, €€€*

FREIZEIT & SPORT

Golf Club Ocean Dunes *Insider Tipp*
Ein wunderschöner 18-Loch-Course. *Kontakt: Vietnam Golf Resorts Co., Membership and Marketing Office, New World Hotel Saigon, Zimmer 310, 76 Duong Le Lai, Ho Chi Minh City, Tel. 08/ 824 36 40 oder 824 36 53, Fax 824 36 41, sales@vietnamgolfre sorts.com*

AUSKUNFT

Huong Bien Tourist
Mui-Ne-Strand km 13 (am Coco Café), Tel. 062/84 71 95

AUSFLÜGE & TOUREN

Affenbrücken und Kalksteinfelsen

Die Touren sind in der Karte auf dem hinteren Umschlag und im Reiseatlas ab Seite 116 grün markiert

1 DURCH DAS MEKONG-DELTA ZUM GOLF VON THAILAND

Mit neun Seitenarmen greift der mächtige Mekong an seinem Delta in das Südchinesische Meer – und weil der Drache für die Vietnamesen das Symbol des dynamischen Lebens ist, nennen sie den Fluss Song Cuu Long, den »Fluss der neun Drachen«. Hier entfaltet sich der ganze Zauber des tropischen Vietnam: Zwischen üppigen Palmenhainen schaukeln auf den unzähligen Kanälen und Nebenarmen die so genannten Boatvillages und Floating Markets, schwimmende Dörfer und Märkte, zu denen oft nur einfache, bogenförmige Stege führen, die »Affenbrücken«. Die Boote liegen dicht an dicht, auf manchen stehen Häuser, angefüllt mit Reis und Tee, aromatischen Gewürzen oder tropischen Früchten. Ein Ausflug in das Mekongdelta gehört zu den Highlights einer Vietnamreise. Für die 320 km lange Hauptroute auf den Highways 1 A, 91 und 80 sollten Sie sich mindestens drei Tage Zeit nehmen, zumal sich sehr schöne Abstecher anbieten.

Die Tour beginnt an der Tran-Nguyen-Han-Statue in *Saigon (S. 74)*, wo die zentralen Boulevards zusammenlaufen. Über die *Duong Hung Vuong* geht es quer durch das quirlige Chinesenviertel Cho Lon in Richtung Südwesten auf den Highway 1 A. Bis nach *My Tho (S. 85)* wird dichter Verkehr die Fahrt verlangsamen, denn die 180 000-Einwohner-Stadt lebt noch heute vom Handel und der Tatsache, dass Millionen Menschen in Saigon tagtäglich mit Reis, Ananas, Bananen und Orangen versorgt sein wollen – allesamt Produkte aus dem Mekongdelta. Was nicht in die Metropole geschafft wird, verkaufen die Händler im lebhaften und sehenswerten Marktviertel. Schon hier haben Besucher mit begrenztem Zeitbudget die Möglichkeit, bei einer Bootstour den Zauber des Mekong zu entdecken.

Eben wie ein Brett präsentiert sich nun die Landschaft. Überall auf den vielen Reisefeldern arbeiten die Bäuerinnen mit ihren typischen Strohhüten und die Bauern, die lie-

Mit sanftem Ruderschlag durchs Mekongdelta bei Vinh Long

ber Baseballkappen tragen. In Notzeiten versorgt die »Reiskammer Vietnams« nicht nur den gesamten Süden, sondern auch Zentral- und Nordvietnam. Auch in der 50 000-Einwohner-Stadt *Vinh Long* können Sie einen prächtigen Markt erleben, diesmal auf eine für das Delta typische Weise: In Dutzenden flacher Kähne lassen sich Verkäufer und Käufer über den Tien Giang, einen der »neun Drachen«, rudern. So sperrig die langen Holzruder wirken, die im Stehen bedient werden, so geschickt können die meisten Verkäuferinnen damit umgehen.

Purer Luxus umgibt die Reisenden, die sich in der 330 000 Einwohner zählenden Provinzhauptstadt *Can Tho (S. 70)* ins *Victoria Hotel* begeben. Warum nicht einfach einmal einen Cocktail auf der Panoramaterrasse des Hotels genießen und dabei dem Treiben auf dem Fluss zusehen? Hier sollten Sie sich auch ein Boot nehmen und die verwinkelten Wohnviertel an den oftmals winzigen Seitenkanälen des Hau Giang entdecken – Mekong-Alltag pur. Auch dem schönsten schwimmenden Markt des Deltas, *Cai Rang (S. 70)*, sowie dem geheimnisvollen Schlangenmarkt von *Phung Hiep (S. 71)*, gelegen direkt am Highway 1 A ca. 22 km südlich von Can Tho, sollten Sie einen Besuch abstatten.

Nun führt die Fahrt auf der nach heftigen Regenfällen von Schlaglöchern übersäten Nationalstraße 91 ins Land der Khmer. Ungefähr 8 km hinter dem kleinen Ort Thot Not zweigt die Nationalstraße 80 in Richtung Süden, nach Rach Gia, ab. Es lohnt sich aber, einen Abstecher nach *Chau Doc (S. 72)* zu unternehmen – Sie können der Nationalstraße 91 weiter nach Westen folgen. Markenzeichen des Städtchens sind die schwimmenden Häuser. Schön ist eine abendliche Tour auf den 3 km außerhalb der Stadt gelegenen, 230 m hohen Berg *Nui Sam*. Bei Sonnenuntergang wirken die vielen kleinen Tempel und Pagoden, die an den Berg gebaut sind, besonders geheimnisvoll. Zudem verzaubert das schräg stehende Sonnenlicht die umliegende Berglandschaft. Aber auch ein Bummel durch die Stadt mit ihrer ethnischen Mischung aus islamischen Cham, Khmer und Vietnamesen gehört zum Programm, ebenso wie ein Ausflug in das Khmer-Dorf *Ba Chuc* mit seinem typischen Tempel und einer schockierenden Ausstellung in der »Schädel-Pagode«. Dort sind als Mahnmal die Gebeine von Kriegsopfern aufgebahrt. Im kaum bekannten *Tra-Su-Reservat* können Sie viele Tausend Weißstörche bei der Brut beobachten. Die Anfahrt lässt sich gegebenenfalls im Victoria Hotel *(S. 72)* buchen.

Die Hauptroute, die Nationalstraße 80, erreichen Sie wieder über die Straße 91, die kurz hinter Long Xuyen in die Straße 80 mündet. Schnurgerade verläuft die Route in Richtung Süden; einige Kilometer vor Rach Gia beschreibt die Straße 80 dann einen scharfen Knick nach Westen. Kurz vor dem malerischen Städtchen *Ha Tien (S. 72)* führt die Straße so nah an den Golf von Thailand, dass Sie das Meer vom Auto aus sehen. Hier, am Südwestzipfel des Mekongdeltas, gehört Vietnam nun endgültig den Vietnamesen. Es gibt hier kaum Touristen, nur dann und wann suchen Rucksackreisende die Gegend auf. So hat man die herrlichen Na-

AUSFLÜGE & TOUREN

Seit über 100 Jahren im Dienst: die Long-Bien-Bahnbrücke von Hanoi

turstrände rund um Ha Tien für sich. Wer gar mit der Fähre nach *Phu Quoc (S. 74)* fährt, ist an einem der wenigen Plätze in Vietnam, an denen man die rote Abendsonne im Meer versinken sieht. Saigon lässt sich nun einfach wieder erreichen, denn Sie fahren dieselbe Strecke wieder zurück.

2 VON HANOI ZU DEN WUNDERN DER HA-LONG-BUCHT

Vorbei an vielen fruchtbaren Reisfeldern, immer begleitet vom Roten Fluss (Song Hong), führt diese Tour dorthin, wo der Sage nach die Himmelstochter Au Co mit fünfzig ihrer Kinder gewandert ist, die sie und der Drachenkönig La Lon Quan gezeugt hatten – an den Golf von Tongking, zu einem der größten Naturwunder, das Vietnam besitzt: den versteinerten Zuckerhüten und Kalknadeln der Ha-Long-Bucht. Die 340 km der Tour mögen gemessen an europäischen Verhältnissen gering erscheinen, auf den stark befahrenen Straßen bei Hanoi benötigen Sie dafür jedoch mindestens zwei Tage.

Am besten beginnen Sie die Fahrt in *Hanoi (S. 33)* beim alten Postamt am Hoan-Kiem-See. Dann nämlich erreichen Sie ohne große Abzweigungen die 1986 gebaute *Chuong-Duong-Brücke*, die den Roten Fluss in stadtauswärtiger Richtung quert. Wer auf dem Noi Bai International Airport gelandet ist, wird sich erinnern, über diese Brücke auch ins Stadtzentrum gefahren zu sein. Linker Hand grüßt die einst hübsche, nun von Abgasen angerußte *Long-Bien-Bahnbrücke*, eine Hinterlassenschaft der Franzosen aus dem Jahr 1896. Auf dem dicht befahrenen Highway 1 geht es durch den quirligen Stadtbezirk *Gia Lam*, der sogar einen eigenen Flughafen für Inlandsflüge besitzt. Und schon haben Sie Gelegenheit zu einem ersten Abstecher: Folgen Sie dem Highway 1 in Richtung Lang Son, so gelangen Sie nach ca. 5 km ins »Schlangendorf« *Le Mat.* Hier werden allerlei Nattern, die in den feinen vietnamesischen Restaurants von Hanoi als Delikatesse gelten, gezüchtet und in Gläsern oder Vitrinen ausgestellt. Überzeugten Tierschützern sei vom Besuch des Dorfs abgeraten.

Die Hauptroute folgt der Nationalstraße 5, die vom Highway 1 in großzügig angelegten vier Spuren abzweigt. Den reichlich bemessenen Platz wissen die Einwohner zu schätzen. Und so können Sie hier einen wundervollen Eindruck vom vietnamesischen Verkehrschaos bekommen. Glück hat, wer hier keinen Stau erlebt, den die zumeist zahlreichen, planlos ausscherenden Lastwagen, Mofas, Fahrräder oder Taxis an dieser Stelle oft verursachen – denn in Gia Lam wohnen eher wohlhabende Vietnamesen und Geschäftsleute, die sich ein Fahrzeug leisten können, und entsprechend belebt ist die Straße.

Langsam lichtet sich das Häusermeer, dann und wann zeigen sich die ersten dunkelgrünen Reisfelder. Dem rotbraunen Schlamm, den der Rote Fluss über eine Strecke von mehr als 1800 km heranträgt, verdankt die Gegend ihre Fruchtbarkeit. Obwohl die Winter im Norden vergleichsweise kühl sein können, sind immerhin noch zwei bis drei Reisernten pro Jahr möglich. Doch was ein Segen ist, kann sich auch als Fluch erweisen: Nach sommerlichen Starkregen überflutet der Rote Fluss Teile der Gegend, weswegen immer mehr Deichanlagen gebaut werden müssen – sie sind am Wegesrand nicht zu übersehen.

Auf hölzerne Bretter aufgestapelt, fallen am Straßenrand bald die ersten Flaschen mit Sojasoße aus Ban auf, *tuong ban.* Nun ist es nicht mehr weit bis *Ban Yen Nhan.* In dem Dorf wird die bei einheimischen Reisenden äußerst beliebte Zutat hergestellt. Noch 59 km sind es jetzt bis zur Provinzhauptstadt *Hai Duong,* deren Spezialität besonders bei allen Anklang findet, die Süßes lieben: *banh dau xan,* kleine, zuckerige Kuchen aus grünem Erbsenbrei in einer gelben oder roten Hülle. Ein weiteres Markenzeichen der Gegend sind die Ziegelbrennereien, die hier und da am Wegesrand auftauchen und heute jene rote Dachbedeckung in Massen produzieren, die sich in der Vergangenheit nur die Reichen leisten konnten.

Kurz hinter Hai Duong zweigt die Straße nach links ab, via Sao Do erreichen Sie das Städtchen *Dong Trieu.* Wer eine Vorliebe für feine ==Keramikwaren== hat, könnte hier fündig werden – Dong Trieu ist eines der Zentren in Vietnam.

Plötzlich taucht sie am Horizont auf: die atemberaubende *Ha-Long-Bucht (S. 32).* Beim Anblick der über 3000 aufragenden Kalksteinfelsen mag auch einem Mitteleuropäer die Legende vom »herabsteigenden Drachen« *(ha long)* wie ein Tatsachenbericht erscheinen. Doch gibt es für das Naturwunder eine ganz plausible Erklärung: Danach entstand die grandiose Insellandschaft während der letzten Eiszeit, als sich die südwestchinesische Kalktafel absenkte und das Wasser aus den Binnenmeeren Chinas in die Täler eindrang.

Ausgangspunkt für eine mehrstündige Bootsfahrt durch die ur-

AUSFLÜGE & TOUREN

Bootstour durch die »Bucht des herabsteigenden Drachens«

tümliche Inselwelt ist das laute Touristenzentrum *Bai Chay.* Malerischer wirkt zunächst der sich unmittelbar nördlich von Bai Chay anschließende Fischerort *Hon Gai.* Besonders fotogen sind die kleinen, bunt angemalten Wohnhäuser vor der Kulisse der Felskegel und des lebhaften Marktes. Um den Touristenansturm bewältigen zu können, wurden Hon Gai und Bai Chay zu der Zwillingsstadt Ha Long City zusammengelegt. Wenige Minuten nach Ablegen des Bootes ist das hektische Treiben der Stadt vergessen, und man wird vom Charme der einzigartigen Inselwelt der Ha-Long-Bucht gefangen genommen. Es gibt kaum einen Felsen, der nicht von den Einheimischen entsprechend seiner Form mit einem besonderen Namen belegt worden wäre. Bei einer »Kamelinsel« oder einer »Schildkröteninsel« fällt die Identifizierung relativ leicht. Ein Zwischenstopp wird bei der *Hang Dau Go* eingelegt, der »Höhle der hölzernen Pfähle«. Trotz des Andrangs lohnt ein Besuch der verschiedenen Höhlen – wie etwa *Thien Cung,* der »Höhle des Himmelspalasts« oder *Hang Bo Nau,* der »Höhle des Pelikans« –, die manchmal sogar über einen schmalen Holzsteg und Treppen miteinander verbunden sind.

Der Rückweg führt von Hon Gai mit der Fähre nach Bai Chay und *Hai Phong (S. 30).* Dort sollten Sie auf jeden Fall eine Pause einlegen, um die hübsche Altstadt mit ihren quirligen Märkten nicht nur besichtigen, sondern auch richtig auf sich wirken lassen zu können. Die Fahrt zurück nach Hanoi gestaltet sich, dank der gut ausgebauten Nationalstraße 5, vergleichsweise kurz.

SPORT & AKTIVITÄTEN

Workout für jedes Temperament

Actionsportler betreten in Vietnam noch oft Neuland, aber für Fitness ist gesorgt

Das Angebot für Aktivurlauber in Vietnam wächst allmählich. Erwarten Sie jedoch keine Perfektion – manche Sportarten, Touren oder »Soft Adventures« sind noch neu, wie etwa Caving. Andere dagegen, beispielsweise das Schattenboxen, können auf eine jahrhundertelange Tradition verweisen oder haben sich, wie Badminton, über viele Jahrzehnte eingebürgert.

BILLARD

Die Vietnamesen lieben Billard – zwar nicht ganz so wie Fußball, aber doch so sehr, dass jedes bessere Café oder kleine Hotel irgendwo einen Poolbillardtisch stehen hat, den man oft gratis oder für ein paar Dong benutzen kann.

CAVING

Diese Sportart ist noch ganz neu in Vietnam, doch schon wächst die Fangemeinde: Höhlenkletterer entdecken beispielsweise die vierzehn gewaltigen Kammern der Phong-Nha-Höhle, der größten und schönsten Kaverne Vietnams. Sie liegt in Son Trach, 55 km nordwestlich von Dong Hoi, in Mittelvietnam. Transport und einen englischsprachigen Guide können Sie sich über das *Phong Nha Guesthouse, Tel. 052/ 67 50 16,* vermitteln lassen (einfache Unterkunft). Die Kosten für einen Guide liegen bei 35 Euro inklusive Equipment (Seile, Haken etc.). Man kann die Höhle auch ohne Höhlenkletter-Erfahrung zumindest von außen besichtigen. Infos gibt's auch beim *Da Nhay Hotel, Tel. 052/86 60 41.*

GOLF

Golf ist der letzte Schrei im »neuen Vietnam«. Mehrere Plätze gibt es schon, gleichermaßen für Profis und Hobbyspieler geeignet, z. B. bei Hanoi und Saigon, in Phan Thiet oder in Da Lat. Vor allem im Winter wächst der Golfer-Strom aus Richtung Europa. Die vietnamesischen Plätze werden von speziellen Golfreiseveranstaltern immer häufiger in Südostasien-Rundreiseprogramme eingebaut. Meist wird dabei den ganzen Tag über auf einem Golfplatz gespielt; vom Land bekommen die Golf-Fans wenig mit. In den meisten Clubs sind Besucher willkommen.

Fitness kann so einfach sein: Laufen am Strand von Nha Trang

Preiswert und beliebt: eine Billardpartie auf dem Lande

KAJAKTOUREN

In Nha Trang gibt es mehrere Anbieter (z. B. *Action Tour, 98 B Tran Phu Street, Tel. 058/82 33 63*).

Insider Tipp See-Kajaktour durch die Ha-Long-Bucht. Man paddelt dabei mit einem englischsprachigen Guide durch die Bucht, wahlweise einen Tag lang oder auch bis zu sechs Tagen. Dabei werden zwischen 6 und 8 km pro Tag zurückgelegt, je nach Fitnessgrad der Gruppe und Zahl der Höhlen, die besichtigt werden. Bei den Mehrtagestouren wird gezeltet, Luxusangebote beinhalten Übernachtungen auf einem Boot, von dem aus man jeden Tag aufs Neue zu den Touren startet. Sechs Tage inklusive Verpflegung kosten ab ca. 240 Euro, für eine Tagestour müssen Sie mit ca. 30 Euro rechnen. Infos: *Sea Canoe, info@seacanoe.com, www.seacanoe.com*

RADFAHREN

Passionierte Radler sind gut beraten, sowohl das eigene Bike als auch Ersatzteile nach Vietnam mitzunehmen. Gute Fahrräder sind ebenso rar wie gute Mechaniker, die Teile auf Lager haben. Wenn Räder vorhanden sind, kostet die Ausleihe je nach Zustand und Ausstattung ca. 1–2 Euro pro Stunde. Sehr beliebt ist die Route zwischen Hanoi und Saigon oder umgekehrt: »Vietnam pur« mit viel landschaftlicher Abwechslung. Außer am Wolkenpass stellen sich auf der gesamten Strecke keine größeren Anforderungen an die Fitness. Ein Problem ist jedoch der chaotische Verkehr.

SCHATTENBOXEN

Eigentlich ist es eine Art Gymnastik, gleichzeitig aber auch eine

SPORT & AKTIVITÄTEN

Kombination aus Kung-Fu und Bewegungskunst. Seit vielen Jahrhunderten ist das chinesische Schattenboxen (Taijiquan) in Vietnam populär – unter dem Namen Thai Cuc Quyen. In diesem Fall ist übrigens Dabeisein nicht alles – es macht schon Spaß, den Leuten am frühen Morgen bei ihren kunstvollen Bewegungen zuzusehen, in Hanoi etwa rund um den Hoan-Kiem-See, in Saigon im Cong-Vien-Van-Hoa-Park oder in Cho Lon.

SEGELN

Noch gibt es keine Segelszene in Vietnam. Ein Geheimtipp ist aber das Whale Island Resort vor der Küste von Nha Trang: Hier können Sie sich beispielsweise im Umgang mit vier nagelneuen Katamaranen üben. Infos beim Resort, *Tel. 058/ 84 05 01*, Infos und Buchung über *Découvrir, 236 Nguyen Trong Tuyen, Saigon, Tel. 08/845 80 96, Fax 844 02 05*

SURFEN

Als sehr gutes Surfrevier gilt seit einigen Jahren der Mui-Ne-Strand bei Phan Thiet. Hier finden auch Meisterschaften wie der *Starboard Vietnam Fun Cup* statt. Infos gibt's beim *Jibe-Club Mui Ne, jibe@windsurfvietnam.com, www.surfasia.com/ vietnam*. Die Szene steigt übrigens im *Full Moon Beach Resort* ab *(km 13,5 Ham Tien, Mui Ne, Tel. 062/ 84 70 08)*, wo man ein Windsurfpaket für eine Woche buchen kann (ca. 300 Euro inkl. Halbpension und Boardmiete). Auch der *Mui Ne Sailing Club (24 Nguyen Dinh Chieu, Ham Tien, Mui Ne, Tel. 062/84 74 40, info@sailingclub vietnam.com)* macht seinem Namen alle Ehre. Man bemüht sich auch um jene actionwütigen Surfer, die Wellenreiten oder die – nicht unriskante – Surfvariante an einem Lenkdrachen ausprobieren wollen.

TAUCHEN

Nha Trang ist Vietnams bestes Tauchgebiet. Mittlerweile gibt es im Ort mehrere Tauchschulen. Die durchschnittliche Sichtweite liegt hier immerhin bei 15 m, sie kann während der Trockenzeit – wenn nur wenige Sedimente ins Meer gespült werden – auf bis zu 30 m ansteigen. Geboten werden zurzeit ca. 25 Tauchplätze, die Schaffung eines künstlichen Wracktauchplatzes ist geplant. Neben relativ gut erhaltenen Stein- und Weichkorallen gibt es auch zahlreiche Tropenfische sowie Sand- und Weißspitzhaie zu sehen. Zwei Tauchgänge (je ein Tank) kosten ca. 55 Euro.

WANDERN & PARAGLIDING

Die besten Wandergebiete Vietnams sind der Bach-Ma-Nationalpark, die Gebirgsgegend rund um Sa Pa und den Ba-Be-Nationalpark sowie das Hochland von Da Lat, etwa Lang Bian Mountain. Für letztgenanntes Gebiet empfehlen sich auch die Touren von *Action Max, 2 Duong Nguyen Thai Hoc, Tel. 063/ 86 31 35*. Auf Wunsch bietet er auch Paragliding (ca. 35 Euro für eine halbe Stunde).

Für Wanderer gilt: Die gesamte Ausrüstung (Schuhe, Stöcke, Rucksack, Trinkflaschen, Müsliriegel) unbedingt von zu Hause mitnehmen – es gibt nichts zu kaufen.

MIT KINDERN REISEN

Kleine »Tay« sind stets willkommen

Familienleben wird in Vietnam groß geschrieben – und so sind auch ganz junge Urlauber gern gesehen

Die Familie hat in Vietnam einen sehr hohen Stellenwert, und so heißen sowohl die ganz kleinen als auch die großen Vietnamesen alle »Tay«, also Westler, die mit dem eigenen Kind anreisen, umso herzlicher willkommen. Wo möglich, ist ein Unterhaltungsangebot für Kinder vorhanden: Zoos und Tierparks gehören in vielen vietnamesischen Städten zu den beliebten Ausflugszielen, wenngleich gesagt werden muss, dass die Tiere dort oft in erbarmungswürdigen Verhältnissen leben. In Saigon und Hanoi gibt es immerhin jeweils ein hervorragendes Zirkusangebot, in Saigon die *Waterworld* und das neue Pendant in Hanoi, den *Ho Tay Water Park,* in Hanoi zudem das sehr gute Wasserpuppentheater. Ein Renner für ältere Kinder (und jung gebliebene Eltern) ist auch das *Hanoi Super Carting Centre* (Thanh-Nhan-Jugendpark), wo man für ca. 3 Euro mit Gokarts durch die Gegend düsen kann.

Am Lak-See (ab Dorf Buon Juin) oder im Elefantendorf Ban Don sind ältere Kinder mit einem ca. zweistündigen Elefantenritt zu begeistern: Zwei bis drei Personen sitzen auf einem Tier, das gemütlich durch den flachen See watet (Info und Buchung: *Dak Lak Tourist* in Buon Ma Thuot).

Eis gehört glücklicherweise zu den Lieblingsspeisen der Vietnamesen (sollte nur in Eisdielen oder Supermärkten gekauft werden), und zumindest mit älteren Kindern sollte es in Restaurants kein Problem geben: Klassiker wie Pommes frites mit Mayo oder Ketchup und Cola lassen sich immer irgendwo auftreiben.

Wichtig ist es, an Sonnenschutz zu denken und entsprechende Kleidung (Hut!) sowie eine Creme mit extrem hohem, tropentauglichen Lichtschutzfaktor mitzunehmen. Eltern von Kleinkindern sollten Flaschen, Schnuller und Gläschen auf jeden Fall einpacken, sicherheitshaltshalber auch ein paar waschbare Stoffwindeln. Ideale Orte für den Urlaub mit Kindern sind, wegen der guten Infrastruktur, Phan Thiet und Nha Trang und die beiden Metropolen Saigon und Hanoi. Eher abzuraten ist von Fahrten ins Gebirge oder ins tiefere Mekongdelta – dort fehlt es oft am Nötigsten, etwa einem gut sortierten Geschäft oder einer Apotheke.

Übrigens: »Hallo« heißt auf Vietnamesisch einfach »tschau«

Angesagt!

Was Sie wissen sollten über Trends, die Szene und Kuriositäten in Vietnam

Fußball
Die Vietnamesen sind mit einer Leidenschaft dabei, die man ihnen wegen ihrer zurückhaltenden Art eigentlich gar nicht zutraut. Die WM 2002 hat es gezeigt – Fußball ist der Sport Nummer 1 in Vietnam. Es störte gar nicht, dass sich das Team für keines der entscheidenden Matches qualifizieren konnte: Ein zweiter Gruppenplatz genügte, um halb Hanoi und Saigon zur Raserei zu bringen.

House, Rap, Ethnojazz
Wie weltweit sind House und Rap in den Clubs gefragt. Landauf, landab ebenfalls ein Renner: Karaoke, vor allem in Diskos und Bars. Schwer im Kommen ist der so genannte Fusion Sound: West trifft Ost, Jazz und traditionelle Musik Vietnams verbinden sich. Die sehr softe, aber hörenswerte Version liefert die Sängerin Huong Than (»Dragonfly«). Mit gewaltiger Stimme kommt Vietnams populärste Sängerin, Than Lam, daher. Derart westlich inspirierte traditionelle Musik gibt's auch vom Jazzgitarristen Nguyen Le mit Huong Thanh. Ethnojazz für Fortgeschrittene macht Billy Bang (»The Aftermath«).

Das richtige Label
Das Mofa muss von Honda sein, auch wenn es das ganze Vermögen kostet. Die einzige Ost-Marke, die daneben zählt: Khaisilk, schlichtes Design aus allerfeinster Seide, das auch bei Harrods in London ausliegt. Ansonsten kommt alles Gute aus dem Abendland: Das Auto aus München, das 8210-er Handy aus Finnland, das Parfum aus Frankreich, das Täschchen aus Italien und die Jeans aus den USA. Falls man sich Echtes nicht leisten kann: In Vietnam blüht der Fälschermarkt.

Sehen und gesehen werden
Cool sein heißt die Devise – etwa samstags beim Autokorso in Saigon. Eine Popperfrisur mit Seitenscheitel muss her, damit man immer wieder die Haartolle nach hinten streichen kann. Oder alternativ: strohgelb gefärbte Stachelhaare. Das Herrenhemd bleibt bis zum Bauchnabel offen, und ein wahrer Beau hat lange Fingernägel – nach alter Sitte ein Zeichen für Reichtum. Bodystyling ist ein Muss: Die städtischen Fitnesscenter können dem Ansturm kaum standhalten.

PRAKTISCHE HINWEISE

Von Anreise bis Zoll

Hier finden Sie kurz gefasst die wichtigsten Adressen und Informationen für Ihre Vietnamreise

ANREISE

Flugzeug
Direkt von Deutschland fliegt Singapore Airways, von Frankfurt/Main wird zweimal tgl. Singapur angesteuert. Dort kann man ein Stopover-Paket buchen (ab 37 Euro) oder nach Saigon (zweimal tgl.) bzw. nach Hanoi (einmal tgl.) fliegen. Info: *Tel. 069/719 52 00, www.singaporeair. de,* Buchung übers Reisebüro.

Zweimal wöchentlich geht ein Flug mit Lufthansa/Thai Airways von Frankfurt/Main über Bangkok nach Ho-Chi-Minh-Stadt (Saigon). Mit anderen europäischen oder asiatischen Fluggesellschaften muss man auf deren Heimatflughäfen umsteigen. Vietnam Airlines fliegt von Berlin nach Hanoi und nach Saigon.

Bahn
Mit der Bahn dauert die Reise 10 Tage. Die abenteuerliche, leider auch kostspielige Tour führt über Russland und China (z. B. Transsibirische Eisenbahn). Die möglichen Einreiseorte Lao Cai oder Lang Son müssen im Visum vermerkt sein.

AUSKUNFT

Vietnam Tourism (VINATOUR)
54 Duong Nguyen Du, Hanoi, Tel. 04/825 29 86, Fax 825 27 07, vinatour@hn.vnn.vn

Saigon Tourist
– 49 Duong Le Thanh Tong, Ho-Chi-Minh-Stadt, Tel. 08/829 89 14, Fax 822 49 87, sgtvn@hcmc.net nam.vn
– 55 B Pho Phan Chu Trinh, Hanoi, Tel. 04/825 09 23, Fax 825 11 74, hnbranch@sgthn.netnam.vn

In Einzelfällen erteilen auch die vietnamesischen Botschaften Auskunft (s. »Ein- & Ausreise«).

BANKEN & GELD

Üblicherweise haben die vietnamesischen Banken Mo–Sa 7.30 bis 11.30 Uhr und 13.30–15.30 bzw. 16 Uhr geöffnet; die Öffnungszeiten variieren jedoch oft. Der offizielle Wechselkurs ist überall im Land gleich, dennoch lohnt ein Vergleich der Provisionen (bis zu 4 Prozent). Zum Geldumtausch benötigt man den Reisepass. Als inoffizielle Zweitwährung gilt der US-Dollar, in den Touristenzentren wird zunehmend auch der Euro angenommen. Traveller Cheques werden akzeptiert.

DIPLOMATISCHE VERTRETUNGEN

Deutsche Botschaft
29 Pho Tran Phu, Hanoi, Tel. 04/845 38 36, Fax 845 38 38, www.germanembhanoi.org.vn/

Deutsches Generalkonsulat
126 Duong Nguyen Dinh Chieu, Ho-Chi-Minh-Stadt, Tel. 08/ 823 19 19, Fax 829 24 55

Schweizer Botschaft
44 B Pho Ly Thuong Khiet, Hanoi, Tel. 04/934 65 89, Fax 934 56 91

Österreichische Botschaft
53 Pho Quang Trung, Hanoi, Tel. 04/943 30 50, Fax 943 30 55

EIN- & AUSREISE

Für ein Sofortvisum (25–50 Euro) müssen die Passdaten spätestens vier Tage vor Abflug in Europa bei einem Asien-Reiseveranstalter eingehen, z. B. bei *Indochina Services, Enzianstr. 4 a, 82319 Starnberg. Tel. 08151/77 02 22, Fax 77 02 29, info@is-intl.com*. Nach zwei bis drei Tagen bekommen Sie einen »Invitation Letter« und eine Bestätigungsnummer, die bei Ankunft in Vietnam gemeinsam mit weiteren Formularen (s. u.) einzureichen sind.

Sie können auch spätestens einen Monat vor Abreise die nötigen Unterlagen bei der Botschaft anfordern. Es sind ein mindestens sechs Monate gültiger Reisepass, zwei ausgefüllte Visa-Anträge mit je einem Passbild und ein Verrechnungsscheck über die Visagebühr beizufügen (per Einschreiben). Es dauert dann mindestens zehn Tage, bis man ein vier Wochen gültiges Touristenvisum erhält.

Bei Ankunft auf den vietnamesischen Flughäfen sind ein Einreiseformular sowie eine Zollerklärung auszufüllen, deren Doppel bei der Ausreise wieder abzugeben sind.

Botschaften der SR Vietnam
– Elsenstr. 3, 12435 Berlin, Tel. 030/53 63 01 08, Fax 53 63 01 00; Außenstelle Bonn: Konstantinstr. 37, 53179 Bonn, Tel. 0228/ 95 75 40, Fax 35 18 66
– Felix-Mottl-Str. 20, 1190 Wien, Tel. 01/368 07 55, Fax 368 07 54
– Schlosslistrasse 26, 3008 Bern, Tel. 031/388 78 78, Fax 388 78 79

FOTOGRAFIEREN

Fotozubehör ist oft schwer zu bekommen und viel teurer als in Europa. Außer bei militärischen Einrichtungen gibt es beim Fotografieren kaum Beschränkungen, doch muss man an touristischen Sehenswürdigkeiten gelegentlich eine kleine Gebühr bezahlen. Wer Personen fotografieren möchte, sollte vorher um Erlaubnis fragen.

GESUNDHEIT

Impfungen sind nicht vorgeschrieben, außer bei Einreise aus einem Gelbfieberinfektionsgebiet. Schwierig ist der Schutz gegen Malaria, da die Erreger inzwischen gegen die meisten Prophylaxemittel immun sind. Über den neuesten Stand informieren Sie sich am besten beim Gesundheitsamt oder beim *Tropeninstitut in Berlin (Spandauer Damm*

€	Dong
1	18 015
3	54 046
5	90 078
10	180 156
30	540 469
50	900 782
90	1 621 408
250	4 503 912
500	9 007 824

Dong	€
1000	0,05
10 000	0,59
25 000	1,49
90 000	5,37
200 000	11,95
500 000	29,87
850 000	50,74
1 000 000	59,75
5 000 000	298,76

PRAKTISCHE HINWEISE

130, 14050 Berlin, Tel. 030/ 30 11 66, Fax 30 11 68 88, www. bbges.de/ift). Infos im Internet: *www.fit-for-travel.de.*

Um Durchfall zu vermeiden, sollten Sie ungeschältes Obst und Salate meiden, Eiscreme nur in Eisdielen oder Supermärkten kaufen. Das gilt nicht für internationale Hotels, in denen die hygienischen Bedingungen europäischem Standard entsprechen. Dort muss man sich allerdings auf die meist sehr kalten, klimatisierten Räume einstellen.

INLANDSREISEN

Tägliche Inlandsflüge mit Vietnam Airlines verbinden alle größeren Städte. Ein Hinflugticket von Saigon nach Hanoi (2 Std. Flugzeit) kostet ca. 150 Euro. Besonders vor dem Tet-Fest, zu dem Vietnamesen aus aller Welt nach Hause fliegen, ist eine rechtzeitige Buchung erforderlich.

Es bestehen tägliche Zugverbindungen zwischen Hanoi und Saigon. Der Wiedervereinigungsexpress zuckelt in knapp 38 Std. dreimal tgl. von Nord nach Süd und umgekehrt. Es empfiehlt sich, per Soft Sleeper der 1. Klasse zu reisen und rechtzeitig zu buchen.

Weniger ratsam ist es, die öffentlichen Überlandbusse zu benutzen, denn es kommt zu vielen schweren Unfällen. Wer mit dem Touristenbus reisen möchte, erkundige sich in den Travellercafé-Ketten (z. B. *Sinh's*) nach den so genannten Open Tours.

Bei individuellen Rundreisen hat sich ein Mietwagen mit Fahrer bewährt (selbst zu fahren ist für Touristen verboten). Der Preis richtet sich nach Fahrzeug und gefahrenen Kilometern, hinzu kommt eine Tagespauschale für Fahrer und gegebenenfalls Dolmetscher. In größeren Hotels kann man zu Festpreisen auch Minibusse chartern.

Was kostet wie viel?

Kaffee	**80 Cent** für eine Tasse im vietnamesischen Café
Nudelsuppe	**23 Cent** im vietnamesischen Lokal
Eis	**31 Cent** für ein Eis am Stiel
Bier	**33 Cent** für ein Bier vom Fass im vietnamesischen Lokal
Pizza	**4,40 Euro** im Touristenlokal
Taxifahrt	**51 Cent** pro km in Hanoi

INTERNET

Mehr als 200 000 Vietnamesen verfügen über Computer mit Internetzugang, 1,5 Mio. Nutzer sind registriert. Die Server arbeiten, verglichen mit westlichen Standards, recht langsam.

Interessante Websites: *www.vnagency.com.vn* ist die Site der Vietnam News Agency (Hanoi) mit aktuellen Meldungen und Hintergrundinfos. Unter *www.sinhcafevn.com* stellt Sinh Café Saigon (Budgetreisen) viele Tourismusinfos bereit. Die Webadresse *www.asiaobserver.com/vietnam.htm* bietet gute Hintergrundinfos, *www.vietnamtourism.com* gute touristische Informationen (z. B. zu Veranstaltern der jeweiligen Region). *www.fg-viet*

> ## www.marcopolo.de
>
> **Das Reiseweb mit Insider-Tipps**
>
> Mit Informationen zu mehr als 4000 Reisezielen ist MARCO POLO auch im Internet vertreten. Sie wollen nach Paris, in die Dominikanische Republik oder ins australische Outback? Per Mausklick erfahren Sie unter www.marcopolo.de das Wissenswerte über Ihr Reiseziel. Zusätzlich zu den Reiseführerinfos finden Sie online:
>
> - täglich aktuelle Reisenews und interessante Reportagen
> - regelmäßig Themenspecials und Gewinnspiele
> - Miniguides zum Ausdrucken
>
> Gestalten Sie MARCO POLO im Web mit: Verraten Sie uns Ihren persönlichen Insider-Tipp, und erfahren Sie, was andere Leser vor Ort erlebt haben. Und: Ihre Lieblingstipps können Sie in Ihrem MARCO POLO Notizbuch sammeln. Entdecken Sie die Welt mit www.marcopolo.de! Holen Sie sich die neuesten Informationen, und haben Sie noch mehr Spaß am Reisen!

nam.de ist die Site der Deutsch-vietnamesischen Freundschaftsgesellschaft. Wer Reiseberichte und -erfahrungen sucht, wird auf der Seite *www.destinationvietnam.com* fündig. Einen sehr guten Überblick über Kunstliteratur und zeitgenössische Maler gibt es unter *www.vietnamartbooks.com*.

INTERNETCAFÉS

Die Kosten betragen ca. 0,30 Euro pro Minute, oft gibt es 10 Freiminuten.

Hanoi: Die meisten Cybercafés gibt es an der Pho Hang Bac. *Trekking Café, Trekking Open Tour, 188 Pho Hang Bac, Tel. 04/926 06 17, trekkingtour2000@yahoo.com; Open Tour Internet, Ngoc Dung Hotel, 10 F Dinh Liet, Tel. 04/93 43 28, NgocDungHotel@hotmail.com*

Ha Long: *Emotion Cybernet Café, Hauptstraße Bay Chan, Tel. 033/84 73 54*

Hue: *TMS-Computer, 10/10 Duong Nguyen Tri Phuong, Tel. 054/84 85 31*

Nha Trang: *Internet Services Centre, 2 Duong Le Loi, Tel. 058/82 60 65*

Saigon: Die meisten Internetcafés befinden sich in der Gegend Duong Pham Ngu Lao, Duong De Tham und Duong Bui Vien. *Tinh Café, 2 A Dai Lo Le Duan, Tel. 08/822 97 86)*

KLIMA & REISEZEIT

Die regionalen Klimaunterschiede zwischen Nord-, Zentral- und Süd-Vietnam sind sehr groß. Im Süden lassen sich zwei Jahreszeiten unterscheiden: Am angenehmsten ist es von Dezember bis März mit erträg-

PRAKTISCHE HINWEISE

lichen Temperaturen und wenig Niederschlag. Im April und Mai leitet drückende Schwüle die Regenzeit (Juni–Dezember) ein. Je weiter man nach Norden kommt, desto größer werden die Schwankungen zwischen Sommer und Winter. Während die Subtropen-Sommer ab April feuchtheiß sind, können die Temperaturen an der nördlichen Zentralküste zwischen Dezember und Februar deutlich unter die Marke von 20 Grad absinken. Zudem trübt dann wochenlanger Nieselregen das Reisevergnügen.

ÖFFNUNGSZEITEN & EINTRITTSPREISE

Vietnam ist nicht unbedingt ein Reiseziel, das mit pünktlichen Öffnungszeiten aufwartet. Viele Sehenswürdigkeiten sind jederzeit zugänglich, bei anderen findet man gelegentlich auch abends noch Einlass. Märkte enden oft, wenn die Mittagshitze beginnt, und auf dem Land nimmt man es allemal nicht so genau. Wenn nichts anderes angegeben ist, ist der Eintritt frei.

POST

Luftpostsendungen nach Europa benötigen bis zu drei Wochen. Sie sollten Briefe oder Postkarten nur in den Postämtern *(buu dien)* der größeren Städte oder in gehobenen Touristenhotels aufgeben. Abzuraten ist vom teuren und unzuverlässigen Paketversand nach Europa, es sei denn, Sie wählen den Kurierdienst DHL, der mit einem Schalter im Postamt Saigon vertreten ist. Das Luftpostporto nach Europa beträgt für eine Karte ca. 0,38 Euro.

Wetter in Saigon

	Jan.	Feb.	März	April	Mai	Juni	Juli	Aug.	Sept.	Okt.	Nov.	Dez.
Tagestemperaturen in °C	32	33	34	35	33	32	31	31	31	31	31	31
Nachttemperaturen in °C	21	22	23	24	24	24	24	24	23	23	23	22
Sonnenschein Std./Tag	5	6	5	6	4	4	4	4	5	4	4	4
Niederschlag Tage/Monat	2	1	2	4	16	21	23	21	21	20	11	7
Wassertemperaturen in °C	24	25	25	28	28	28	28	28	28	27	27	25

STROM

Ratsam ist die Mitnahme eines Universaladapters. Die Spannung beträgt meist 220 Volt.

TAXI & RIKSCHA

In Hanoi und Saigon gibt es viele Taxis mit Taxameter, die an den internationalen Hotels warten oder aus dem fließenden Verkehr herangewunken werden können. Landestypisch sind Cyclos, Fahrradrikschas, bei denen der Preis ausgehandelt werden muss. Immer beliebter werden auch Moped-Taxis.

TELEFON & HANDY

Da Vietnam an das Satellitennetz angeschlossen ist, kann man internationale Telefonate meist schnell und bei sehr guter Qualität führen. Auslandsgespräche können von größeren Hotels, Postämtern und sogar einigen Telefonzellen im Selbstwahlverfahren geführt werden: zunächst die Landesvorwahl (Deutschland 0049, Österreich 0043, Schweiz 0041), dann die Ortsvorwahl ohne 0, dann die Nummer des Teilnehmers. Die Minute kostet ca. 2,70–3,30 Euro.

Handy: Zwei Netzbetreiber, Vinaphone und Mobifone, betreuen derzeit rund 1,5 Mio. Kunden. Mit einer deutschen Karte (SIM) in Vietnam telefonieren kann man derzeit nur mit Vertragskarten, die das D1-Netz nutzen. Ein D1-Telefonat nach Deutschland kostet ca. 4–5 Euro pro Minute, der Versand von SMS ca. 0,50 Euro pro SMS (Empfang gratis). Günstig und flexibel: per SMS zum Chat im Internet verabreden. Mit einer vietnamesischen Prepaid-Karte (150 000 Dong, also rund 9 Euro, plus Gesprächsguthaben) kann man keine SMS verschicken, aber schon für ca. 3,30 Euro nach Deutschland telefonieren. D1-User können nur das Vinaphone-Netz *(www.gpc.vnn.vn)* nutzen. *Gsmworld.com* stellt aktuelle Infos zu Roamingabkommen der anderen deutschen Netzbetreiber bereit. Vorwahl Vietnam: 0084

ZEIT

Der Unterschied zur Mitteleuropäischen Zeit (MEZ) beträgt plus sechs Stunden, während der Sommerzeit in Europa plus fünf Stunden.

ZEITUNGEN

Mit der »Saigon Times Weekly« und den in Hanoi erscheinenden »Vietnam News« werden zwei englischsprachige Zeitschriften verkauft. Ausländische Presse wie die »Bangkok Post« und die »Times« sind in Saigon oder Hanoi in den großen Hotels, in internationalen Buchhandlungen und in den Straßen der Stadtzentren erhältlich. Mitunter findet man sogar einen »Spiegel«. Touristische Infos gibt es im »Timeout Vietnam«.

ZOLL

Zollfrei bei der Einfuhr sind 1 l Alkohol, 200 Zigaretten oder 50 Zigarren oder 150 g Tabak. Ohne zollamtliche Ausfuhrbescheinigung dürfen Antiquitäten nicht ausgeführt werden. Freimengen in die EU (Schweiz): 200 Zigaretten oder 50 Zigarren oder 250 g Tabak, 1 l Alkohol über und 2 l Alkohol unter 22 (15) Prozent, 50 g Parfum oder 250 g Eau de Toilette, Geschenkartikel für 175 Euro (100 Franken).

SPRACHFÜHRER VIETNAMESISCH

Sprechen und Verstehen ganz einfach

Dieser Sprachführer hilft Ihnen, die wichtigsten Wörter und Sätze auf Vietnamesisch zu sagen

Zur Erleichterung der Aussprache sind alle vietnamesischen Wörter mit einer einfachen Aussprache (in eckigen Klammern) versehen. Nachstehende Zeichen (linke Spalten) sind Sonderzeichen und werden wie folgt (rechte Spalten) ausgesprochen:

c/-ch	G/K	x	S	Tonakzente:	
đ/Đ	D	â	Ö/Ä	a	ohne Ton
d/gi-	stimmhaftes S	e	offenes Ä	á	steigend
kh-	CH	ê	E	ã	unterbrochen-steigend
ch-	TSCH	ơ	Ö	à	fallend
nh-	NJ	ú	Ü/I	ả	fallend-steigend
ph	F			ạ	tief
tr	DS/DSCH				

AUF EINEN BLICK

Ja./Nein.	Có; ừ, dạ. [go/öh/sa]/Không. [chong]
Vielleicht.	Có lẽ. [go lä]
Bitte.	Xin./Làm ơn. [sin/lahm ön]
Danke.	Cám ơn. [gahm ön]
Gern geschehen (bitte).	Không có chi. [chong go tschi]
Entschuldigung! Pardon!	Xin lỗi! [sin leu]
Wie bitte?	Xin nhắc lại. [sin njac lai]
Ich verstehe (nicht).	Tôi (không) hiểu. [teu chong hju]
Was ist das?	Cái này là cái gì? [kai nai la kai ji]
Können Sie (Herr/Dame) mir bitte helfen?	Ông/Bà có thể giúp tôi được không? [ong/bä ko tä jub teu duak chong]
Ich möchte (nicht) …	Tôi (không) muốn/cần … [teu (chong) muen/gan]
Das gefällt mir (nicht).	Tôi rất (không) thích. [teu ra' (chong) tik']
Haben Sie (Herr/Dame) …?	Ông/Bà có …? [ong/bah ko]
Wie viel kostet es?	Gía (tiền) bao nhiêu? [sa din bau nju]
Wie viel Uhr ist es?	Mấy giờ rồi? [mai sjö reu]

KENNENLERNEN

Guten Tag!/Abend!	Xin chào. [sin tschau]
Hallo! Grüß dich! Tschüss!	Chào! [tschau]

gegenüber einem/einer …	
… älteren/jüngeren Herrn	… Ông./Anh. [ong/an]
… älteren/jüngeren Dame	… Bà./Chị. [bah/tschih]
Wie geht es Ihnen/dir?	Ông/Bà có khỏe không? [ong/bah goh kuä chong]
Mein Name ist …	Tên tôi là … [tenn teula]
Auf Wiedersehen!	Tạm biệt! [dahm bi-eh']
Bis bald!/Bis morgen!	Hẹn gặp lại [hähn gablai]

UNTERWEGS

Auskunft

links/rechts	trái/phải [trei/fei]
geradeaus	thẳng [thangh]
nah/weit	gần/xa [gan/sa]
Bitte, wo ist …?	Làm ơn cho biết …ở đâu? [lahm ön tscho wö dau]
… der Hauptbahnhof?	… nhà ga … [nja ga]
… der Flughafen?	… sận bay … [san bay]
… das Hotel?	… khách sạn … [chak' sahn]
Ich möchte … mieten.	Tôi muốn thuê … [teu mu-en tü-e]
… ein Fahrrad …	… xe đạp. [sä dab]
… ein Auto …	… ô-tô. [otoh]
… Taxi …	… tắc-xi. [taksi]
Wie weit?	Bao xa? [bau sa]

Unfall

Hilfe!	Xin giúp tôi! [sin sjub toi]
Achtung!/Vorsicht!	Chú ý! [tschuh-i]/Coi chừng! [geu king]
Rufen Sie schnell …	Ông/Bà làm ơn gọi ngay … [ong/bah lahm ön geu njaj]
… einen Arzt.	… bác sĩ. [baksie]
… Krankenwagen.	… xe cứu thương. [sä guhtöong]
… die Polizei.	… công an. [gong ahn]
… die Feuerwehr.	… cứu hỏa. [guh hwa]
Haben Sie Verbandszeug?	Ông/Bà có hộp cứu thương không? [ong/bah goh hohb guhtöong chong]
Es war meine/Ihre Schuld.	Tôi có/Ông có lỗi. [teu goh/ong goh leu]
Geben Sie mir bitte Ihren Namen und Ihre Anschrift.	Ông/Bà làm ơn cho tôi biết tên Ông/Bà và địa chỉ. [ong/bah lahm ön tscho teu bie' tehn ong wa di-e tschi]

ESSEN/UNTERHALTUNG

Wo gibt es hier ein gutes Restaurant?	Ở đâu có [ödau go] nhà hàng ngon? [nja hang n'nong]

SPRACHFÜHRER VIETNAMESISCH

Reservieren Sie uns bitte für heute Abend einen Tisch für vier Personen.	Ông/Bà làm ơn, cho chúng tôi một bàn bốn ngươi tôi nay. [ong/bah lahm ön tscho tschung teu mơt' bahn bohn n'nöi teunai]
Auf Ihr Wohl!	Chúc mừng Ông/Bà! [tschuk' möng ong/bah]
Erfreut, Sie kennen zu lernen!	Hân hạnh được gặp Ông/Bà! [han hann dög'gab ong/bah]
Das Essen ist sehr gut.	Thức ăn rất ngon. [tuk an rat' n'nong]
Bezahlen, bitte.	Làm ơn, tính tiền. [lahm ön, tin di-en]

EINKAUFEN

Wo finde ich …	Ở đâu có … [ö dau go…?]
… eine Apotheke?	… nhà thuốc tây? [nja tuok dai]
… Fotoartikel?	… hiệu ảnh? [hieu an]
… Bäckerei/Brotladen?	… tiệm bánh mì? [di-em banmi]
… ein Lebensmittelgeschäft?	… cửa hàng thực phẩm khô? [gu hang dög famcho]
… ein Kaufhaus/Geschäft?	… cửa hàng? [guhang]
… einen Markt?	… chợ? [tschö]
Wann wird das Kaufhaus öffnen/schließen?	Cửa hàng bách hóa mở cửa/đóng cửa/vào lúc nào? [guhang batsch hwa mögu dongu /wau lu' nao]
Was kostet dieses …?	Cái … này giá bao nhiêu? [gai … naija baunju]

ÜBERNACHTUNG

Können Sie mir bitte … empfehlen?	Ông/Bà có thể giới thiệu cho tôi … không? [ong/bah goh tä jö tju tscho teu chong]
… ein Hotel …	… khách sạn. [chak' sahn]
… eine Pension …	… nhà trọ có bao ăn. [na tscho go baoan]
Haben Sie noch …	Ông/Bà có còn … [ong/bah goh gon]
… ein Einzelzimmer?	… phòng đơn? [fang don]
… ein Zweibettzimmer?	… phòng đôi? [fang deu]
… mit Dusche/Bad?	… với phòng tắm? [weu fang damm]
… für eine Nacht?	… cho một đêm? [tscho mơt'dehm]
… für eine Woche?	… cho một tuần? [tscho mơt' dun]
Was kostet das Zimmer mit …	Phòng có … giá bao nhiêu? [fang go … ja bau nju]
… Frühstück?	… ăn sáng? [ansang]
… Halbpension?	… ăn sáng và ăn chiều? [ansang wa antschju]

PRAKTISCHE INFORMATIONEN

Arzt

Können Sie mir einen Arzt empfehlen?	Ông/Bā có thê' giối thiệu cho tôi một bác sĩ?
	[ong/bah goh tä jö tju, tscho teu mot' baksi]
Ich habe …	Tôi bị … (đau ơ đây).
(hier Schmerzen).	[teu bi … (dau ö dai)]
… Fieber.	… sốt. [sot']
… Durchfall.	… tiêu chảy. [bi diu tschai]
… Kopfschmerzen.	… đau đầu/nhức đầu.
	[daudau/njit' dau]
… Zahnschmerzen.	… đau răng/nhức răng.
	[daurang/njit'rang]

Bank

Wo ist hier bitte …	Ở đâu có … [ö dau ko]
… eine Bank?	… ngân hàng? [n'nan hang]
… eine Wechselstube?	… nổi đổi tiền? [neu deu di-en]

Post

Was kostet …	… giá bao nhiêu? [… tschja bau nju?]
… ein Brief …	Một bức thư …? [mot' bök tö]
… eine Postkarte …	Một bưu thiếp …? [mot' bök bu ti-eb]
… nach Deutschland?	… gưi đi Đức [gö didök]

ZAHLEN

0	không [chong]		18	mười tám [muödahm]
1	một [mot']		19	mười chín [muötschin]
2	hai [hai]		20	hai mươi [haimuö]
3	ba [bah]		21	hai mươi một
4	bốn [bohn]			[haimuö mot']
5	năm [nam]		30	ba mươi [bahmuö]
6	sáu [sau]		40	bốn mươi [bohnmuö]
7	bảy [bei]		50	năm mươi [namuö]
8	tám [dahm]		60	sáu mươi [saumuö]
9	chín [tschin]		70	bảy mươi [beimuö]
10	mười [muö]		80	tám mươi [dahmuö]
11	mười một [muömot']		90	chín mươi [tschinmuö]
12	mười hai [muöhai]		100	một trăm [mo'dscham]
13	mười ba [muöbah]		1000	một ngàn [mo'dnjahn]
14	mười bốn [muöbohn]		10000	mười ngàn [muönjahn]
15	mười lăm [muönam]			
16	mười sáu [muösau]		1/2	một phần hai [mot fanhai]
17	mười bảy [muöbei]		1/4	một phần tư [mot' fandö]

REISEATLAS

Reiseatlas Vietnam

Die Seiteneinteilung für den Reiseatlas finden Sie auf dem hinteren Umschlag dieses Reiseführers

Mit freundlicher Unterstützung von

kein urlaub ohne
holiday autos

www.holidayautos.com

anzeige

total relaxed in den urlaub: einsteiger-übung

1. lehnen sie sich entspannt zurück und gleiten sie in gedanken zu den cleveren angeboten von holiday autos. stellen sie sich vor, als weltgrösster vermittler von ferienmietwagen bietet ihnen holiday autos

   - mietwagen in über 80 urlaubsländern
   - zu äusserst attraktiven preisen

2. vergessen sie jetzt die üblichen zuschläge und überraschungen. dank

   - alles inklusive tarife
   - wegfall der selbstbeteiligung
   - und min. 1,5 mio € haftpflichtdeckungssumme (usa: 1,1 mio €)

   steht ihr endpreis bei holiday autos von anfang an fest.

3. nehmen sie ganz ruhig den hörer, wählen sie die telefonnummer **0180 5 17 91 91** (12cent/min), surfen sie zu **www.holidayautos.com** oder fragen sie in ihrem reisebüro nach den topangeboten von holiday autos!

kein urlaub ohne

holiday autos

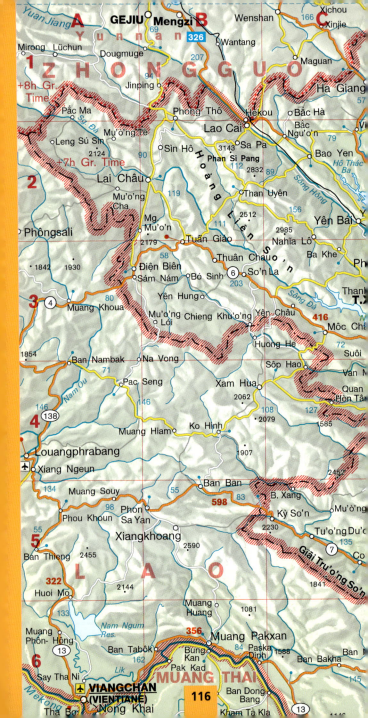

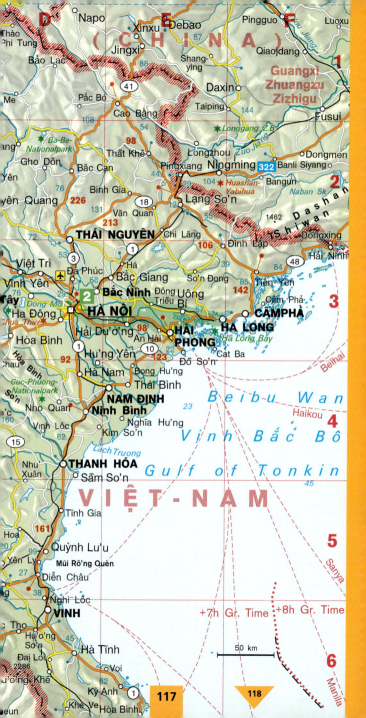

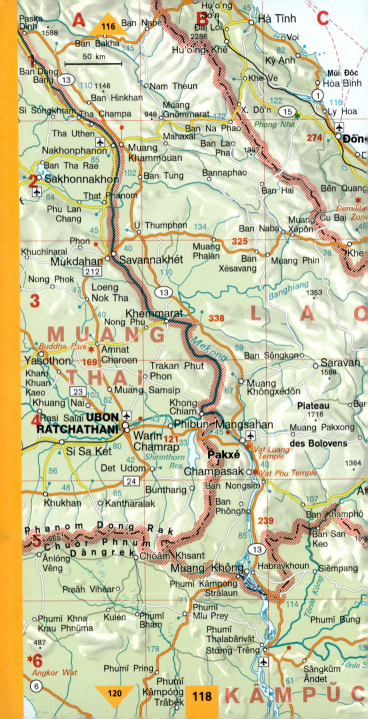

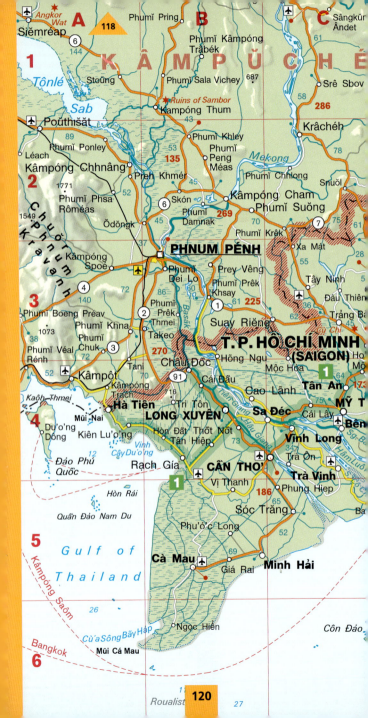

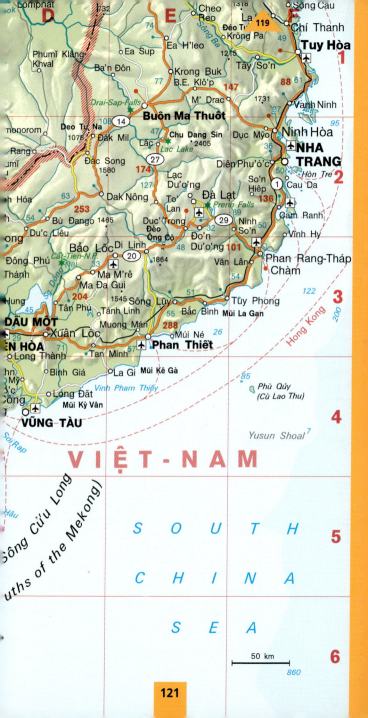

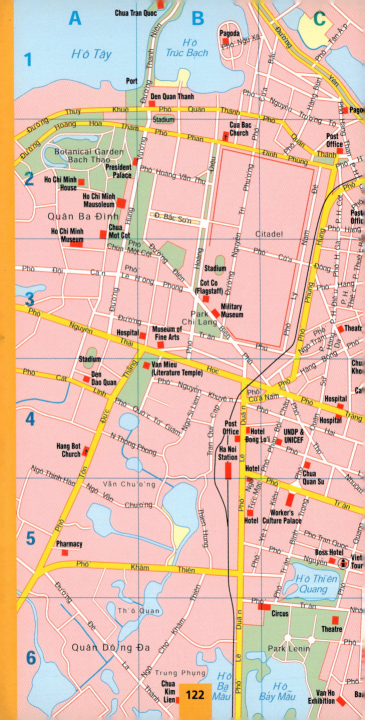

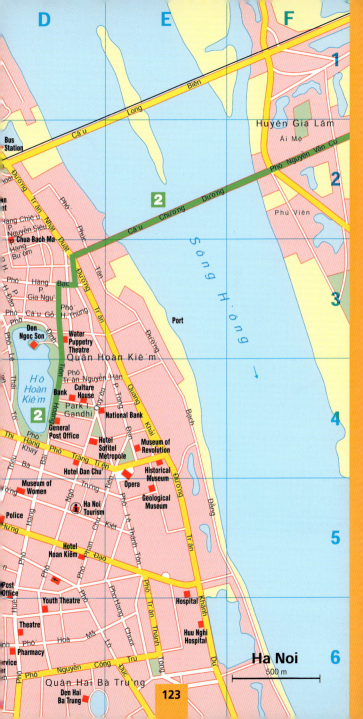

anzeige

total relaxed in den urlaub: übung für fortgeschrittene

1. schliessen sie die augen und denken sie intensiv an das wunderbare wort „ferienmietwagen zum alles inklusive preise". stellen sie sich viele extras vor, die bei holiday autos alle im preis inbegriffen sind:

- unbegrenzte kilometer
- haftpflichtversicherung mit min. 1,5 mio €uro deckungssumme (usa: 1,1 mio €uro)
- vollkaskoversicherung ohne selbstbeteiligung
- kfz-diebstahlversicherung ohne selbstbeteiligung
- alle lokalen steuern
- flughafenbereitstellung
- flughafengebühren

2. atmen sie tief ein und lassen sie vor ihrem inneren auge die zahlreichen auszeichnungen vorbeiziehen, die holiday autos in den letzten jahren erhalten hat.

   sie buchen ja nicht irgendwo.

3. nehmen sie ganz ruhig den hörer, wählen sie die telefonnummer **0180 5 17 91 91** (12cent/min), surfen sie zu **www.holidayautos.com** oder fragen sie in ihrem reisebüro nach den topangeboten von holiday autos!

kein urlaub ohne

holiday autos

MARCO POLO

Für Ihre nächste Reise gibt es folgende Titel:

Deutschland
- Allgäu
- Amrum/Föhr
- Bayerischer Wald
- Berlin
- Bodensee
- Chiemgau/ Berchtesgaden
- Dresden
- Düsseldorf
- Eifel
- Erzgebirge/ Vogtland
- Franken
- Frankfurt
- Hamburg
- Harz
- Heidelberg
- Köln
- Leipzig
- Lüneburger Heide
- Mark Brandenburg
- Mecklenburgische Seenplatte
- Mosel
- München
- Nordseeküste: Schleswig-Holstein
- Oberbayern
- Ostfries. Inseln
- Ostfriesland: Nordseeküste Niedersachsen
- Ostseeküste: Mecklenburg-Vorpommern
- Ostseeküste: Schleswig-Holstein
- Pfalz
- Potsdam
- Rügen
- Ruhrgebiet
- Schwarzwald
- Spreewald/ Lausitz
- Stuttgart
- Sylt
- Thüringen
- Usedom
- Weimar

Frankreich
- Bretagne
- Burgund
- Côte d'Azur
- Disneyland Paris
- Elsass
- Frankreich
- Frz. Atlantikküste
- Korsika
- Languedoc-Roussillon
- Loire-Tal
- Normandie
- Paris
- Provence

Italien Malta
- Apulien
- Capri
- Dolomiten
- Elba
- Emilia-Romagna
- Florenz
- Gardasee
- Golf von Neapel
- Ischia
- Italien
- Italien Nord
- Italien Süd
- Ital. Adria
- Ligurien
- Mailand/ Lombardei
- Malta
- Oberital. Seen
- Piemont/Turin
- Rom
- Sardinien
- Sizilien
- Südtirol
- Toskana
- Umbrien
- Venedig
- Venetien/Friaul

Spanien Portugal
- Algarve
- Andalusien
- Barcelona
- Costa Blanca
- Costa Brava
- Costa del Sol/ Granada
- Fuerteventura
- Gomera/Hierro
- Gran Canaria
- Ibiza/Formentera
- Lanzarote
- La Palma
- Lissabon
- Madeira
- Madrid
- Mallorca
- Menorca
- Portugal
- Spanien
- Teneriffa

Nordeuropa
- Bornholm
- Dänemark
- Finnland
- Island
- Kopenhagen
- Norwegen
- Schweden

Osteuropa
- Baltikum
- Budapest
- Königsberg/ Ostpreußen Nord
- Masurische Seen
- Moskau
- Plattensee
- Polen
- Prag
- Riesengebirge
- Rumänien
- Russland
- St. Petersburg
- Slowakei
- Tschechien
- Ungarn

Österreich Schweiz
- Berner Oberland/ Bern
- Kärnten
- Österreich
- Salzburger Land
- Schweiz
- Tessin
- Tirol
- Wien
- Zürich

Westeuropa und Benelux
- Amsterdam
- Brüssel
- England
- Flandern
- Irland
- Kanalinseln
- London
- Luxemburg
- Niederländ. Küste
- Niederlande
- Schottland
- Südengland
- Wales

Südosteuropa
- Athen
- Bulgarien
- Chalkidiki
- Griechenland Festland
- Griechische Inseln/Ägäis
- Ionische Inseln
- Istrien/Kvarner
- Istanbul
- Korfu
- Kos
- Kreta
- Kroatische Küste
- Peloponnes
- Rhodos
- Samos
- Slowenien
- Türkei
- Türkische Mittelmeerküste
- Zypern

Nordamerika
- Alaska
- Chicago und die Großen Seen
- Florida
- Hawaii
- Kalifornien
- Kanada
- Kanada Ost
- Kanada West
- Los Angeles
- New York
- Rocky Mountains
- San Francisco
- USA
- USA Neuengland
- USA Ost
- USA Südstaaten
- USA Südwest
- USA West
- Washington, D.C.

Mittel- und Südamerika Antarktis
- Antarktis
- Argentinien/ Buenos Aires
- Bahamas
- Brasilien
- Chile
- Costa Rica
- Dominikanische Republik
- Ecuador/ Galapagos
- Jamaika
- Karibik I
- Karibik II
- Kuba
- Mexiko
- Peru/Bolivien
- Venezuela
- Yucatán

Afrika Vorderer Orient
- Ägypten
- Djerba/ Südtunesien
- Dubai/Emirate/ Oman
- Israel
- Jemen
- Jerusalem
- Jordanien
- Kenia
- Libanon
- Marokko
- Namibia
- Südafrika
- Syrien
- Türkei
- Türkische Mittelmeerküste
- Tunesien

Asien
- Bali/Lombok
- Bangkok
- China
- Hongkong/ Macau
- Indien
- Japan
- Ko Samui/ Ko Phangan
- Malaysia
- Nepal
- Peking
- Philippinen
- Phuket
- Singapur
- Sri Lanka
- Taiwan
- Thailand
- Tokio
- Vietnam

Indischer Ozean Pazifik
- Australien
- Hawaii
- Malediven
- Mauritius
- Neuseeland
- Seychellen
- Südsee

Sprachführer
- Arabisch
- Englisch
- Französisch
- Griechisch
- Italienisch
- Kroatisch
- Niederländisch
- Norwegisch
- Polnisch
- Portugiesisch
- Russisch
- Schwedisch
- Spanisch
- Tschechisch
- Türkisch
- Ungarisch

In diesem Register sind alle in diesem Führer erwähnten Orte und Ausflugsziele verzeichnet. Halbfette Seitenzahlen verweisen auf den Haupteintrag, kursive auf ein Foto.

An Phu Village 82
Ba-Be-Nationalpark 28, **30,** 99
Ba Chuc 92
Ba-Vi-Berg 40
Bach-Ma-Berg 53
Bach-Ma-Nationalpark **65,** 99
Bai Chay 32, 33, 95
Bai Cua Can, Strand/ Phu Quoc 74
Bai Dam, Strand/ Phu Quoc 74
Bai Khem, Strand/ Phu Quoc 74
Bai Sao, Strand/ Phu Quoc 74
Bai Thom, Strand/ Phu Quoc 74
Bai Truong, Strand/ Phu Quoc 74
Ban Dam 42
Ban Doc 28
Ban-Doc-Wasserfall 28
Ban Don 50, 101
Ban Yen Nhan 94
Bang An 61
Ben Dinh 84
Ben-Hai-Fluss 66
Buon Juin 50, 101
Buon Ma Thuot **48,** 101
Buon Tua 49
Cai Be 85
Cai Rang Floating Market 69, **70,** 92
Cai Vieng, Strand/Cat Ba 31
Can Tho 69, **70,** 92
Canh Duong Beach 55
Cao Bang 28
Cao-Dai-Tempel/Tay Ninh *5,* 85
Cat Ba 30, **31**
Cat-Ba-Nationalpark 31
Cat-Tien-Nationalpark 84
Cau Da 86
Cau Hai 65
Cham, Insel 61
Cham-Türme 14, 52, 61, 86
Chau Doc 69, **72,** 92
Chau Giang 72
China Beach 47, 53, **55**
Cho Lon 75, 77, *78,* 79, 91, 99

Cho Ra 30
Chua Huong Tich 43
Chua Tay Phuong 42
Chua Thay 42
Chua Thien Mu 66
Con Mong, Höhle 45
Con Phung 85
Cong Vien Van Hoa, Park/ Ho-Chi-Minh-Stadt 99
Cu Chi 84
Cuc-Phuong-Nationalpark 45
Da Lat 48, **50,** 97, 99
Da Nang 7, 47, **53**
Da-Thien-See 52
Deo Hai Van s. Wolkenpass
Do Son 25
Doc-Let-Strand 88
Dong Hoi 97
Dong Mo 40
Dong-Mo-Stausee 40
Dong Ha 66
Dong Trieu 94
Drai-Sap-Wasserfälle 49
Entmilitarisierte Zone 66
Fansipan (Phan Si Pang) 45
Gia Lam 93, 94
Giang 42
Ha Dong 43
Ha-Long-Bucht 11, 27, **32,** 93, 94, 95, 98
Ha Long City 32, 95, 106
Ha Tien **72,** *73,* 92
Hai Duong 94
Hai Phong **30,** 95
Hang Bo Nau, Höhle 95
Hang Dang (Höhle) 45
Hang Dau Go, Höhle 33, 95
Hang Trong, Höhle 33
Hanoi 8, 10, 17, 27, **33,** *34, 35, 37, 38, 41,* 47, 69, 93, 95, 97, 98, 99, 101, 103, 105, 106, 108
Hien-Luong-Brücke 66
Ho-Chi-Minh-Stadt (Saigon) 7, 9, 11, 17, 20, 24, *68,* 69, **74,** *75, 76, 78, 81,* 91, 97, 98, 99, 101, 103, 105, 106, 107, 108
Ho Hoan Kiem (Hoan-Kiem-See)/Hanoi 27, 35, **36,** 93, 99
Hoa Binh 42
Hoi An 23, 48, **57, 58**

Hon Gai 32, 95
Hong Xoai Be, Strand/ Cat Ba 31
Hong Xoai Lon, Strand/ Cat Ba 31
Hue 7, 8, 11, *46,* 47, **61,** 106
Huong Son, Gebirge 25, **42**
Huong-Tich-Gebirge 43
Huong-Tich-Höhle 42
Huyen Khong, Höhle 56
Kaisergräber von Hue 66, 67
Lak-See 49, 101
Lan-Ha-Bucht/Cat Ba 31
Lang Bian Mountain 99
Lang Co 55, 65
Lang Son 94, 103
Lao Cai **43,** 44, 103
Le Mat 94
Linh-Ung-Pagode 56
Long-Bien-Bahnbrücke 93
Long Hoa 85
Long-Tri-See 42
Long Xuyen 92
Mai-Chau-Tal 42
Marmorberge 56
Mekong (Song Cuu Long) 10, 69, 70, 91, 92
Mekongdelta 7, 8, 11, 16, 69, 70, 85, *90,* **91,** 101
Mui Ne, Strand 11, 55, 99
My Lai 17, 79
My Son *14,* 47, **56**
My Tho **85,** 91,
Narang-Bergvölker-Markt 28
Nationalparks 30, 31, 45, 65, 84
Nha Trang 69, 70, **86,** *87,* 98, 99, 101, 106
Nha Trang Beach 88, *96*
Ninh Binh 45
Ninh Hoa 88
Nong Son 57
Nui Ba Den 86
Nui Sam 72, 92
Pac-Bo-Höhle 28
Parfümfluss (Song Huong) 11, 47, 62, 66, 67
Phan Rang 52
Phan Si Pang (Fansipan) 45
Phan Thiet 10, 19, 69, 70, **89,** 97, 101
Phong-Nha-Höhle 97
Phu Quoc 70, **74,** 93

REGISTER

Phung Hiep **71**, 92
Poklonggarai 52
Ponagar/Nha Trang 86
Prenn-Pass 52
Puong-Höhle 30
Quang Nam 56
Quynh Luu 47
Rach Gia 92
Roter Fluss (Song Hong) 7, 8, 33, 93
Sa Pa 27, 43, **44**, 99
Sai Son 42
Saigon
 s. Ho-Chi-Minh-Stadt
Sao Do 94
Schwarzer Fluss (Song Da) 42
Schwimmende Märkte 70, 85, 91, 92
Schwimmender Markt von Cai Be 85
Soc Trang 71
Son Tay Village 40
Son-Tra-Berg 55
Son Trach 97
Song Da s. Schwarzer Fluss
Song Cuu Long s. Mekong
Song Hong s. Roter Fluss
Song Huong s. Parfümfluss
Tam Ky 61
Tam-Tai-Pagode 56
Tan Hiep 61
Tang Chon, Höhle 56
Tay Ninh 85
Thac-Bac-See 45
Thach Xa 42
Thang-Heng-Seen 28
Thanh Ha 61
Thien Cung, Höhle 95
Thoi Son 85
Thot Not 92
Thuan-An-Strand 65
Thuy Son 56
Tra Linh 29
Tra-Su-Reservat 92
Tra Trieu 57
Trockene Ha-Long-Bucht 45
Truong-Son-Gebirge 43, 47
Türme von Poklonggarai 52
Tunnelsystem von Cu Chi 84
Victoria Express 43, 44
Vietnamesische Alpen 11, 28, 43
Vinh Long 92
Vinh Moc 66
Whale Island Resort 99
Wolkenpass (Deo Hai Van) 53, 98
Xuan-Huong-Stausee/Da Lat 50, **51**

Schreiben Sie uns!

Liebe Leserin, lieber Leser,

wir setzen alles daran, Ihnen möglichst aktuelle Informationen mit auf die Reise zu geben. Dennoch schleichen sich manchmal Fehler ein – trotz gründlicher Recherche unserer Autoren/innen. Sie haben sicherlich Verständnis, dass der Verlag dafür keine Haftung übernehmen kann. Wir freuen uns aber, wenn Sie uns schreiben.

Senden Sie Ihre Post an die MARCO POLO Redaktion,
Mairs Geographischer Verlag, Postfach 31 51, 73751 Ostfildern,
marcopolo@mairs.de

Impressum

Titelbild: Fischverkäuferinnen in Saigon (Mauritius: Weber)
Fotos: Aura: Ammon (84); Foto-Presse Timmermann (55); HB Verlag: Krause (U l., 4, 7, 11, 12, 16, 22, 25, 28, 32, 34, 37, 38, 41, 46, 50, 56, 62, 67, 73, 75, 76, 78, 87, 93, 102); F. Ihlow (U r., 2 u., 14, 18, 35, 43, 58); V. Janicke (2 o., 48); Kaehler (5 l., 26, 69); Mauritius: Kugler (54), Torino (24), Weber (113); Max (95); D. Renckhoff (20, 27, 52, 68); T. Stankiewicz (90); White Star: Schiefer (1, 5 r., 6, 9, 81, 85, 96, 98, 100); M. Zorn (U M., 44)

1. (6.) Auflage 2003 © Mairs Geographischer Verlag, Ostfildern
Herausgeber: Ferdinand Ranft, Chefredakteurin: Marion Zorn
Redaktion: Corinna Walkenhorst, Bildredaktion: Gabriele Forst (Leitung), Katrin Schäflein
Kartografie Reiseatlas: © Mairs Geographischer Verlag/RV Verlag, Ostfildern
Gestaltung: red.sign, Stuttgart
Sprachführer: Dr. Engelbert Altenburger
Das Werk einschließlich aller seiner Teile ist urheberrechtlich geschützt. Jede urheberrechtsrelevante Verwertung ist ohne Zustimmung des Verlages unzulässig und strafbar. Das gilt insbesondere für Vervielfältigungen, Übersetzungen, Nachahmungen, Mikroverfilmungen und die Einspeicherung und Verarbeitung in elektronischen Systemen.
Printed in Germany. Gedruckt auf 100% chlorfrei gebleichtem Papier

Bloß nicht!

Um Vietnam unbeschwert zu erleben, sollten Sie einige Dinge beachten

Mönche berühren

Es sind kleine, aber heikle Situationen des Reisealltags: Eine Frau setzt sich, irgendwo auf einer Fähre, neben einen buddhistischen Mönch, überkreuzt die Beine – und berührt den Gläubigen dabei versehentlich. Und nun schaut der Mönch womöglich ein wenig verdrossen drein. Kein Wunder, denn vor allem orthodoxe Buddhisten nehmen es mit der Vorschrift genau, dass keine Frau sie berühren darf. Der Betroffene muss sich nämlich, wenn dies doch passiert, sehr zeitaufwendigen Reinigungs-Riten unterwerfen, weil er nicht aufgepasst hat und »unrein« geworden ist – und dies sogar ohne eigenes Zutun. Wer einem Mönch ein Geschenk überreichen möchte, tue dies am besten über einen Vertrauten, z. B. den Reiseleiter. Auch warte man mit der Begrüßung durch Händeschütteln ab – reicht der Mönch nicht die Hand, werden Sie auf keinen Fall selbst aktiv!

Prahlen

Vietnamesen sind zurückhaltende Menschen, nicht zuletzt bedingt durch die konfuzianische Erziehung. Man vermeinde es tunlichst, mit Erfolgen, dem Einkommen, Statussymbolen und anderen Dingen anzugeben oder euphorisch sein Herkunftsland zu loben. Niemand ist davon beeindruckt – die meisten Gesprächspartner wenden sich angewidert ab.

Hektik zeigen

Schnelligkeit gilt im Westen als Zeichen von Dynamik, Lebens- und Willenskraft. Nicht so in Vietnam: Hier liegt die Kraft in der inneren Ruhe. Wer einen Ausflug an der Hotelrezeption bucht, tut dies mit dem gleichen stoischen, ruhigen Lächeln und fast schläfrigen Gesprächston, in dem er im Restaurant bestellt. Wer während seines Urlaubs von der Minutenzählerei lassen kann, erlebt, wie die Dinge plötzlich wie von selbst geschehen – ohne Eile, aber doch schnell genug.

Das rechte Maß verkennen

Das vietnamesische Leben ist nach dem Prinzip der inneren und äußeren Harmonie organisiert. Wer sich aufregt, brüllt und die Geduld verliert, wer den Dingen des Alltags nicht mit Gelassenheit begegnet und die strengen konfuzianischen Regeln verletzt, beweist, dass ihm die innere Harmonie, das »Gesicht« abhanden gekommen ist und er keinen Respekt verdient. Nichts ist schlimmer, als sein Gesicht zu verlieren – ganz gleich, ob der Grund dafür unpassende Kleidung im Tempel, FKK-Baden, starkes Schwitzen, Küssen in der Öffentlichkeit oder Ungeduld ist.